Van start tot succes: Geleerde lessen over de ondernemersreis

DOOR
Nora Olivia

Inhoudsopgave

Invoering

10)	Gebruikmaken	van technologie:	hulpmiddelen	en bronnen voor groei

11)	Breng	uw	start-up	op	de markt:	bouw	uw	merk	en klantenbestand op

12)	Verkoopstrategieën:	deals sluiten en omzet laten groeien

13)	Uw	bedrijf	opschalen: navigeren door groei en expansie

14)	Veel	voorkomende ondernemersvalkuilen vermijden

15)	Uw	financiën	beheren: budgettering,	prognoses	en cashflow

16)	Effectief	tijdbeheer: prioriteiten	stellen	en	taken delegeren

17)	Evenwicht	tussen	werk	en privéleven:	uw	gezondheid	en relaties onderhouden

18)	Teruggeven: maatschappelijk verantwoord	ondernemen	en filantropie

19) Voorbereiding op de toekomst: bouwen aan uw exitstrategie
20) Geleerde lessen: reflecties en inzichten van succesvolle ondernemers

Invoering:

Beginnen aan het tumultueuze pad van ondernemerschap is alsof je een ongetemde natuur betreedt, gewapend met niets anders dan dromen en een onveranderlijke geest. Het is een reis vol vragen, een cotillion tussen triomfen en mislukkingen, waar de weg naar succes door onbekende huizen slingert. door mislukking die het pad naar triomf verlicht. Ga met ons mee terwijl we ons vastbijten in de heksenverhalen van visionaire kolonisten die durfden te dromen en hun nederige lanceringen omvormden tot triomfantelijke succesverhalen. Zet je schrap voor een meeslepende odyssee van strategisch manoeuvreren, grimmige vastberadenheid en onschatbare opdrachten die in de geschiedenis van het ondernemerschap zijn geëtst. Maak je klaar om de perceptie te laten rijpen van degenen die de opwindende achtbaanlift hebben doorstaan om dromen werkelijkheid te laten worden. Met elke loper die aan de beurt is, ontdek je de geheimen, hindernissen en transformerende momenten die de weg vrijmaakten voor hun buitengewone succes. Of je nu een beginnende ondernemer bent die op zoek is naar verlichting of een geschoolde visionair die op zoek is naar nieuwe perspectieven, deze diepgaande ontdekkingsreis zal je in staat stellen om verder te gaan, gesterkt door de wijsheid die je hebt opgedaan van degenen die dit roerige pad voor je hebben betreden. De weg naar succes mag dan ontrouw zijn, maar gewapend met deze onschatbare opdrachten; ook jij kunt door de onbekende wateren van het ondernemerschap navigeren en aan je eigen transformerende reis beginnen. Met elke loper die aan de beurt is, ontdek je de geheimen, hindernissen en transformerende momenten die de weg vrijmaakten voor hun buitengewone succes. Of je nu een beginnende ondernemer bent die op zoek is naar verlichting of een geschoolde visionair die op zoek is naar nieuwe perspectieven, deze diepgaande ontdekkingsreis zal je in staat stellen om verder te gaan, gesterkt door de wijsheid die je hebt opgedaan van degenen die dit roerige pad voor je hebben betreden. De weg naar succes mag dan ontrouw zijn, maar gewapend met deze onschatbare opdrachten; ook jij kunt door de onbekende wateren van het ondernemerschap navigeren en aan je eigen transformerende reis beginnen. Met elke loper die aan de beurt is, ontdek je de geheimen, hindernissen en transformerende momenten die de weg vrijmaakten voor hun buitengewone succes. Of je nu een beginnende ondernemer bent die op zoek is naar verlichting of een geschoolde visionair die op zoek is naar nieuwe perspectieven, deze diepgaande ontdekkingsreis zal je in staat stellen om verder te gaan, gesterkt door de wijsheid die je hebt opgedaan van degenen die dit roerige pad voor je hebben betreden. De weg naar succes mag dan ontrouw zijn, maar gewapend met deze onschatbare opdrachten; ook jij kunt door de onbekende wateren van het ondernemerschap navigeren en aan je eigen transformerende reis beginnen. deze diepgaande ontdekkingsreis zal je in staat stellen om vooruit te komen, gesterkt door de wijsheid die je hebt opgedaan bij degenen die dit roerige pad voor je hebben bewandeld. De weg naar succes mag dan ontrouw zijn, maar gewapend met deze onschatbare opdrachten; ook jij kunt door de onbekende wateren van het ondernemerschap navigeren en aan je eigen transformerende reis beginnen. deze diepgaande ontdekkingsreis zal je in staat stellen om vooruit te komen, gesterkt door de wijsheid die je hebt opgedaan bij degenen die dit roerige pad voor je hebben bewandeld. De weg naar succes mag dan ontrouw zijn, maar gewapend met deze onschatbare opdrachten; ook jij kunt door de onbekende wateren van het ondernemerschap navigeren en aan je eigen transformerende reis beginnen.

Hoofdstuk 1

De ondernemersmentaliteit: Een basis leggen voor succes

Het ondernemerspad is delicaat, maar voor degenen die bereid zijn de kans te grijpen en hard te werken, kan het buitengewoon bevredigend zijn. Het hebben van de juiste intelligentie is net zo belangrijk voor zakelijk succes als het hebben van een geweldig idee. Dit essay bespreekt de waarde van een ondernemersgeest en biedt manieren om de basis voor succes te leggen.

Wat is een ondernemersmentaliteit precies?
Ondernemersintelligentie is een systeem van toestaan dat prioriteit geeft aan creativiteit, vindingrijkheid en het vermijden van valkuilen. Het is het vermogen om mogelijkheden te zien en ze te ontwikkelen tot vruchtbare gokspellen. Ondernemerschap is een mentaliteit die

in de loop van de tijd kan worden verworven en versterkt; het is geen grondstof die essentieel is voor alle ondernemers.

Ondernemersintelligentie vertoont de volgende opvallende cijfers

Ondernemers zijn geschikt om hun ideeën over te brengen op anderen en hebben een duidelijk idee van wat ze willen onderhandelen.

Creativiteit Ondernemers kunnen problemen creatief en out-of-the-box doorbreken.

Aanpassingsvermogen het starten van een bedrijf is geen gemakkelijke reis; daarom moeten ondernemers het vermogen hebben om door te gaan als de effecten moeilijk worden.

Ondernemers zijn bereid om geadviseerde valkuilen te nemen om hun pretenties waar te maken.

Vindingrijkheid Ondernemers kunnen hun geld optimaal benutten en creatieve oplossingen voor problemen vinden.

Ondernemers zijn flexibel en kunnen hun plannen aanpassen als de situatie daarom vraagt.

Waarom is een ondernemersmentaliteit belangrijk?

Om verschillende redenen is het hebben van een ondernemersmentaliteit essentieel. Ondernemers kunnen het gebruiken om oorspronkelijk openingen te identificeren die anderen misschien over het hoofd zien. Door creatief en fantasierijk te zijn, kunnen ondernemers unieke zakelijke ideeën produceren die de mogelijkheid hebben om grotendeels succesvol te zijn.

Bovendien moedigt het hebben van een ondernemersstation ondernemers aan om ondanks moeilijkheden door te zetten. Er zullen obstakels en mislukkingen zijn bij het starten van een bedrijf. Sterk geneigde zakenmensen zijn geschikt om van deze fouten te herstellen en hun vooruitgang voort te zetten.

Uiteindelijk is het vermogen om afgemeten valkuilen te nemen een voordeel van het hebben van een ondernemersstation. De dreiging is er altijd bij het starten van een bedrijf, maar degenen die bedreigingen kunnen inschatten en beheersen, hebben een grotere kans op succes.

Hoe een ondernemersmentaliteit te ontwikkelen

Laten we, nadat we het belang van ondernemersintelligentie hebben vastgesteld, eens kijken naar enkele stijlen om deze te cultiveren.

Produceer een duidelijke visie Het creëren van een duidelijke visie van uw pretenties is de eerste stap in het ontwikkelen van een ondernemende station. Deze visie moet duidelijk, meetbaar en realiseerbaar zijn. U moet uw geschreven visie overal plaatsen waar u deze elke dag kunt zien.

Wees bereid om te leren Succesvolle zakenmensen leren en ontwikkelen voortdurend. Ze zoeken moeizaam openingen om van anderen te leren en zijn niet hysterisch om hun onwetendheid toe te geven. Kom toegewijd aan levenslange geletterdheid en zoek instructeurs en andere succesvolle zakenmensen die advies en ondersteuning kunnen bieden.

Accepteer mislukking De ondernemersweg gaat onvermijdelijk gepaard met mislukking. Ondernemers met een positieve kijk zien falen als een kans om te leren en vooruitgang te boeken in plaats van zich erdoor te laten ontmoedigen. Als je faalt, stop dan en stel

je voor wat er mis is gegaan en wat je de komende tijd anders kunt doen.
Neem redelijke valkuilen Succesvolle zakenmensen nemen geen onvoorzichtige risico's. Voordat ze handelen, schatten ze de mogelijke prijzen en impliciete gevaren van een keuze in. Vraag uzelf af wat de mogelijke voor- en nadelen van een dreiging zijn voordat u het doet. Het zou de moeite waard kunnen zijn om de dreiging te nemen als de mogelijke prijzen de valkuilen te zwaar wegen.

Houd een positieve instelling Het ontwikkelen van ondernemersintelligentie vereist een positieve instelling.
Kompas, Netwerk en Verenig Succesvolle zakenmensen zijn beducht voor de waarde van het leggen van verbindingen met anderen. Ze zoeken naar kansen om contact te leggen en samen te werken met andere zakelijke bezitters, financiers en instructeurs. Neem deel aan conferenties en netwerkevenementen, evenals aan online groepen waar u anderen kunt ontmoeten die in uw interesses participeren.
Houd uw aandacht vast Discipline en aandacht zijn nodig om succesvol zaken te

doen. Blijf gefocust op uw objecten en houd afleiding op afstand. Zorg ervoor dat u uzelf verantwoordelijk houdt voor het bereiken van uw dagelijkse, dagelijkse en jaarlijkse objecten door ze in te stellen.

Wees vindingrijk Succesvolle ondernemers zijn geschikt om hun beschikbare schatkist te maximaliseren. Dat vraagt om vindingrijkheid en het bedenken van resultaten voor problemen met schaarse geldkisten. Zoek naar betaalbare oplossingen voor problemen en schaam je niet om steun te vragen als je het doorhebt.

Accepteer verandering De ondernemersweg is vol verschillen, en welvarende zakenmensen zijn geschikt om te acclimatiseren aan veranderende omstandigheden. Wees flexibel en klaar om uw bedrijf zo nodig te heroriënteren.

Uiteindelijk is het van cruciaal belang om te feesten en je prestaties te waarderen. Het opzetten van een geweldig bedrijf is een reis, dus het is cruciaal om de tijd te nemen om uw successen te vieren en u te verheugen in uw vooruitgang.

Concluderend, het ontwikkelen van een effectief bedrijf vereist een ondernemersstation. Ondernemers kunnen een solide basis voor succes leggen door een duidelijke visie te hebben, open te staan voor geletterdheid, falen te omarmen, afgemeten kansen te nemen, gunstig te blijven, te netwerken en samen te werken, gefocust te blijven, vindingrijk te zijn, verandering te omarmen en te genieten van succes. Houd er rekening mee dat het hebben van een ondernemersstation een geschenk is dat in de loop van de tijd kan worden verworven; het is geen handelswaar waarmee je geboren wordt. Iedereen kan slagen als ondernemer met toewijding, moeite en een solide basis.

Hoofdstuk 2

Een winnend bedrijfsidee identificeren

Het veranderen van de conceptie van een succesvol bedrijf is een van de meest cruciale aspecten van het starten van een bedrijf. Maar het kan afmattend zijn om te weten waar te beginnen met de hoorn des overvloeds van druthers
en problemen. We zullen in dit bericht enkele ideeën en tactieken bekijken voor het creëren van een bedrijfsconcept dat het potentieel heeft om succesvol te zijn.

Begin met uw interesses en harten Beginnen met uw interesses en harten is een van de beste manieren om de conceptie van een succesvol bedrijf te vinden. Bedenk hoe u een succesvol bedrijf kunt maken van wat u in uw vrije tijd wilt doen. Als u bijvoorbeeld van koken houdt, kunt u een foodtruck of een voerbedrijf opzetten.

Breek een probleem. Succesvolle ondernemingen beginnen voortdurend met een uitdaging die moet worden overwonnen. Overweeg de moeilijkheden en tegenslagen die u in uw eigen leven tegenkomt en hoe u een goed of dienst kunt ontwikkelen die deze problemen aanpakt. U kunt bijvoorbeeld een schoonmaakbedrijf beginnen als u moeite heeft om uw huis netjes te houden.

Verkenning aanvragen is cruciaal nadat u een concept in gedachten heeft om te bepalen of er behoefte is aan uw product of dienst. Kijk naar bedrijven in uw vakgebied die vergelijkbaar zijn met het uwe en noteer wat ze goed doen en eventuele impliciete gaten die u kunt verhelpen.

Bepaal uw doelvraag Het kennen van uw doelvraag is essentieel voor het bedenken van een succesvol bedrijfsconcept. Stel je voor wie je ideale klant is, wat hun voorwaarden en wensen zijn en hoe jouw product of dienst aan die eisen kan voldoen.

Onderzoek de concurrentie Het is cruciaal om rekening te houden met de concurrentie bij het kiezen van een succesvol bedrijfsplan. Onderzoek wat je rivalen goed doen en op welke gebieden je jezelf stukje bij beetje kunt onderscheiden. Stel dat u een artikel kunt geven dat verschilt of beter is dan wat voorheen werd overhandigd.

Houd bij het kiezen van een succesvol bedrijfsconcept rekening met de financiën, want het starten van een bedrijf brengt een fiscale verplichting met zich mee. Denk aan de kosten die gepaard gaan met ochtend en het onderhouden van uw vestiging, evenals het aantal plutocraten dat u mogelijk verwacht binnen te halen.

Test uw conceptie Het is cruciaal om de conceptie van uw bedrijf te testen voordat u er veel tijd en middelen aan besteedt. Om te bepalen of er vraag is naar uw product of dienst, gaan we ervan uit dat u begint met een kleinschalige onderneming. Denk hierbij aan het ontwikkelen van een prototype of het leveren van uw diensten aan naaste musketiers en relaties.

Het verkrijgen van meningen is essentieel voor het verbeteren en stimuleren van de conceptie van uw bedrijf. Vraag om input van potentiële consumenten, professionals uit de industrie en andere bedrijfseigenaren. Overweeg om je in te schrijven voor een bedrijfsversneller of incubatorprogramma waar je advies en aanwijzingen kunt krijgen van doorgewinterde instructeurs.

Uiteindelijk is het van cruciaal belang om inflexibiliteit te behouden bij het kiezen van de conceptie van een succesvol bedrijf. Wees bereid om indien nodig van koers te veranderen naarmate het verzoek en de behoeften van uw gasten evolueren. Blijf flexibel en klaar om te veranderen als dat nodig is.

Kortom, het kiezen van een succesvol bedrijfsconcept vereist veel studie en onderzoek. U kunt een bedrijfsidee produceren dat het potentieel heeft om succesvol te zijn door te beginnen met uw hart en interesses, aan een probleem te werken, het verzoek te onderzoeken, betrekking te hebben op uw doelklant, de concurrentie te beoordelen, rekening te houden met de financiën, uw idee te testen, feedback krijgen en flexibel blijven. Houd er rekening mee dat het opzetten van een bedrijf een reis is en dat het bereiken van een winstgevende bedrijfsopvatting slechts de eerste stap is. Met doorzettingsvermogen, inzet en een beetje geluk kun je van je idee een succesvol bedrijf maken.

Gebruik een geek-analyse om de voordelen, nadelen, openingen en valkuilen in te schatten die samenhangen met de diensten die uw bedrijf aanbiedt. Houd rekening met zowel de interne variabelen die u kunt beheersen, zoals uw capaciteiten en schatkist, als de externe variabelen die van invloed kunnen zijn op uw bedrijf, waaronder vraagtrends en concurrentie.
Stel dat het qua schaalbaarheid cruciaal is om rekening te houden met schaalbaarheid bij het kiezen van een succesvol bedrijfsconcept. Stel dat de conceptie van uw bedrijf meer astronomisch kan worden afgedwongen en of het op de lange termijn succesvol kan zijn.
Denk na over uw unique selling proposition (USP) Uw bedrijf onderscheidt zich van de concurrentie dankzij uw USP. Overweeg het unieke verkoopargument van uw producten of diensten en hoe u dit aan uw doelgroep kunt uitleggen.

Het is cruciaal om rekening te houden met uw sterke en zwakke punten, omdat het starten van een bedrijf veel inspanning en inzet vereist. Overweeg uw capaciteiten en ervaring, evenals alle gebieden waar u zich mogelijk moet ontwikkelen of inschrijven met externe ondersteuning.

Zoek naar ijvertrends Het veranderen van de conceptie van een succesvol bedrijf vereist dat u op de hoogte bent van trends in de branche. Houd nieuwe trends in uw sector in de gaten en denk na over hoe de conceptie van uw bedrijf hiervan kan profiteren.

Stel dat rond de tijd dat u een bedrijf start, timing cruciaal is. Stel dat het verzoek klaar is voor de conceptie van uw bedrijf en of het tijdig en van toepassing is. Als u bijvoorbeeld overweegt een bedrijf in de technologiesector te starten, vraag dan of de structuur en technologie al aanwezig zijn om uw bedrijfsidee te ondersteunen.

Houd rekening met de wettelijke en niet-toezichthoudende voorwaarden Naleving van wettelijke en niet-toezichthoudende voorschriften is noodzakelijk om een vestiging te starten. Aangezien u inschat hoe u zich tegenover hen zult misdragen, moet u ervoor zorgen dat u op de hoogte bent van de wettelijke en niet-toezichthoudende normen die van toepassing zijn op uw soort bedrijf en sector.

Produceer een solide peloton Een succesvol bedrijf heeft een solide staf nodig. Stel je de mensen voor die je nodig hebt in je peloton en hoe je de stijlvolle werknemers kunt behouden en behouden terwijl je werkt aan het realiseren van de conceptie van je bedrijf.

Stel dat over de positie het succes van uw vestiging sterk kan worden beïnvloed door zijn positie. Stel dat het praktisch is om op die plek te werken en of uw bedrijfsidee het meest geschikt is voor die functie.

Stel een marketingstrategie op Om consumenten binnen te halen en te behouden, is marketing essentieel. Stel een marketingstrategie op waarin wordt uitgelegd hoe u contact maakt met uw doelgroep, uw USP deelt en merkherkenning vergroot.

Wees enthousiast en geduldig Om de conceptie van een succesvol bedrijf te veranderen, moet je gepassioneerd en geduldig zijn. Zorg ervoor dat je ongeveinsd enthousiast bent over je idee en klaar bent om er tijd en moeite in te steken om er een succes van te maken voordat je een bedrijf start.

Concluderend, het bereiken van een succesvol bedrijfsconcept vereist een combinatie van onderzoek, evaluatie en uitvinding. U kunt een bedrijfsconcept ontwikkelen dat het impliciete vermogen heeft om succesvol te zijn door rekening te houden met uw diepste gevoelens en interesses, een probleem aan te pakken, het verzoek te bestuderen, de concurrentie te beoordelen, rekening te houden met de financiële gegevens, uw idee te testen, feedback te geven en aanpasbaar.

Vergeet niet rekening te houden met nieuwe beginselen, waaronder schaalbaarheid, verzoektrends, wettelijke en niet-toezichthoudende vereisten, positie en pelotonsconformiteit. U kunt de conceptie van uw bedrijf omzetten in een winstgevend bedrijf als u een solide basis en een sterk gevoel voor doelgerichtheid heeft.

Hoofdstuk 3

Marktonderzoek uitvoeren: Inzicht in uw klant en concurrentie

Bij het starten van een bedrijf is het verkennen van verzoeken cruciaal om inzicht te krijgen in uw doelgroep en concurrentie. Als u om verkenning vraagt, krijgt u mogelijk instructiegegevens die u kunnen helpen een mening over uw bedrijf te vormen, zoals het in verband brengen van openingen, het ontwikkelen van effectieve marketingstrategieën en het behouden van uw concurrentievermogen bij uw inspanningen.

In deze compositie gaan we in op het belang van verzoekverkenning en de manier om uw rivalen en doelverzoeken te begrijpen.

Waarom is marktonderzoek belangrijk?

Verzoekonderzoek biedt nuttige informatie over de vereisten en gewoonten van uw doelverzoek. Het kan u helpen bij het ontwikkelen van effectieve marketingstrategieën, het behouden van uw positie als marktleider en het zoeken naar manieren om uw producten of diensten te verbeteren.

Evenzo kan het onderzoeken van verzoeken u helpen om impliciete valkuilen en uitdagingen te ontdekken, zoals veranderende voorkeuren van klanten of trends in ijver, en om visionaire plannen te maken om deze aan te pakken.

Verkenning van verzoeken kan u ook helpen om voor uw bedrijf beslissingen te nemen over zaken als prijs, productkenmerken en marketingkanalen, op basis van gegevens en opmerkzaam in plaats van zakelijk of hypothetisch.

Manieren om marktonderzoek uit te voeren

Bepaal uw verkenningsdoelen Voorafgaand aan het uitvoeren van een gevraagde verkenning; het is belangrijk om je studieobjecten te definiëren. Kies de informatie die u wilt verzamelen, zoals demografische gegevens, voorkeuren van klanten en patronen, of de uitwassen en sterke punten van uitdagers.

Kies uw doelverzoek Selecteer de groep gasten waarvan de kans het grootst is dat ze uw producten of diensten kopen. Dit kan je helpen je te concentreren op je studievragen en relevante gegevens te verkrijgen.

Kies uw verkenningsmanieren. U kunt verschillende verkenningsstijlen gebruiken, zoals controles, focusgroepen en secundaire verkenning, om meer te weten te komen over uw doelverzoek en rivalen. Kies de strategie(ën) die stijlvol passen bij je studiedoelen en populaire beperkingen.

Stel een enquête of vragenlijst op Om u te helpen de gegevens te verzamelen die u nodig hebt, stelt u een reeks vragen op die u kunt gebruiken in controles of vragenlijsten. Overweeg om de demografie, voorkeuren, acties en tevredenheidssituaties van uw gasten te onderzoeken.

Wanneer u klaar bent met het maken van uw cheque of vragenlijst, is het tijd om met het onderzoek te beginnen. Om dit te doen, kunt u contact opnemen met gasten via sociale media of berichten sturen, focusgroepen hosten of gegevens verzamelen uit secundaire bronnen.

Ontleed de gegevens Nadat u uw informatie hebt verzameld, controleert u deze om patronen, trends en nieuwe informatie te vinden. Zoek naar terugkerende thema's of patronen die van invloed kunnen zijn op de meningen van uw bedrijf.

Trek conclusies en onderneem actie Pas de informatie toe die u hebt geleerd van uw verzoek om onderzoek om conclusies te trekken en actie te ondernemen namens uw bedrijf. Overweeg hoe u uw producten of diensten kunt verbeteren, uw marketingstrategieën kunt verbeteren of uw positie als affiniteitsleider kunt behouden.

Je klant begrijpen

Bij het uitvoeren van verzoekonderzoek is het van essentieel belang om inzicht te krijgen in het aantal volgers van uw doelgroep. Dit omvat hun demografische gegevens, voorkeuren, acties en opvattingen over uw producten of diensten.

Demografie Als u de kenmerken van uw doelgroep begrijpt, kunt u mogelijk producten en diensten ontwikkelen die aan hun eisen en voorkeuren voldoen.

Denk aan factoren als leeftijd, geslacht, inkomen, opleidingspositie en terrein.

U kunt mogelijk producten of diensten ontwikkelen die speciaal zijn aangepast aan de eisen van de klant door hun voorkeuren te begrijpen. Overweeg factoren zoals productkenmerken, prijs en verpakking.

Als u de klant begrijpt, kunt u kansen identificeren om uw producten of diensten te verbeteren of effectieve marketingstrategieën te ontwikkelen. Overweeg algemeenheden zoals aankooptrends, besluitvormingsprocessen en merktrouw.

U kunt mogelijk gebieden identificeren waarop u uw producten of services kunt upgraden of verbeteren door te begrijpen hoe gasten erover denken. Overweeg factoren zoals feedback van consumenten, beoordelingen en opmerkingen over tevredenheid.

Uw concurrentie begrijpen
Net zo belangrijk als het kennen van uw doelgroep, kent uw concurrentie. Dit omvat effecten zoals hun verzoekaandeel, marketingstrategieën en sterke en zwakke punten.

Sterke en zwakke punten Het vergelijken van de voor- en nadelen van je rivalen kan je helpen om innovatieve ideeën te bedenken om je te onderscheiden van de concurrentie of om je producten en diensten te verbeteren.

Verzoek delen Als u het deel van het verzoek begrijpt dat uw rivalen nu hebben, kunt u uw vermogen om te strijden beoordelen. U kunt meer te weten komen over het verzoekaandeel van uw rivalen door secundaire bronnen te gebruiken, zoals affiniteitsonderzoeken of verzoekexploratiebedrijven.

U kunt gebieden voor verbetering of manieren identificeren om op te vallen in uw marketingzweten door ongerust te zijn over hoe uw concurrenten reclame maken. Denk aan conditionering gericht op interactie met consumenten, prijsstrategieën en advertentiemedia.

Naast deze factoren is het belangrijk om rekening te houden met de bredere vraagdynamiek en trends, omdat deze van invloed kunnen zijn op uw koppeling. Het verzoek kan concurrerender zijn geweest, de voorkeuren van de consument zijn veranderd of de technologie is geëvolueerd.

Voordelen van aanvraagverkenning

De volgende voordelen van het uitvoeren van verzoekverkenning voor uw bedrijf kunnen worden genoemd: veranderende mogelijkheden Verkenning van verzoeken kan u helpen bij het verkennen van mogelijkheden om nieuwe verzoeken te doen, goederen of diensten te verbeteren of botten te verbeteren Effectieve marketingplannen maken Door de voorwaarden en voorkeuren van uw bedrijf te onderzoeken doelgroep, kunt u marketingstrategieën ontwikkelen die effectief zijn.

Concurrentievermogen

behouden: Request Exploration kan u helpen een concurrentievoordeel te behouden door veranderende verzoektrends, de voor- en nadelen van uitdagers en nieuwe valkuilen met elkaar in verband te brengen.

Het maken van weloverwogen meningen en een verzoek om onderzoek kan u helpen beslissen over de prijzen, productkenmerken en marketingtactieken van uw bedrijf zonder dat u hoeft te rekenen op hypothetische of goed onderbouwde veronderstellingen.

Conclusie

Een succesvol bedrijf begint met een verzoek om onderzoek en groeit van daaruit. Het biedt uitgebreide gegevens over de voorkeuren, gewoonten, concurrentievoordelen en nadelen van uw doelverzoek. Door verzoekonderzoek te doen, kunt u stijlen ontdekken om uw producten of diensten te verbeteren, effectieve marketingstrategieën te ontwikkelen en een concurrentievoordeel te behouden bij uw onderneming. Het kan u ook helpen om meningen over uw bedrijf te vormen op basis van gegevens en opmerkzaam in plaats van hypothetische of weloverwogen veronderstellingen.

Hoofdstuk 4

Een bedrijfsplan maken: uw koers naar succes in kaart brengen

Voor elke ondernemer die een nieuw bedrijf wil starten of een bestaand bedrijf wil laten groeien, is een businessplan een essentieel hulpmiddel. Het fungeert als een routekaart voor de toekomst van uw bedrijf, het definieert uw doelstellingen en stelt benaderingen voor succes voor. In deze compositie komen de essentiële factoren van een goed businessplan aan bod, samen met tips om er een te schrijven.

Waarom een businessplan belangrijk is
Een bedrijfsstrategie is om verschillende redenen noodzakelijk, zoals
De conceptie van uw bedrijf definiëren
Uw bedrijfsconcept, inclusief uw producten of diensten, doelmarkt en concurrentievoordeel, kan nauwkeuriger

worden gedefinieerd met behulp van een businessplan.

Pretenties en doelen stellen Een businessplan helpt bij het creëren van haalbare, kwantificeerbare doelen en doelstellingen voor uw bedrijf die kunnen fungeren als succeswijzers.

Mogelijke problemen met elkaar in verband brengen Een bedrijfsplan stelt u in staat om impliciete problemen en gevaren te identificeren waar uw bedrijf mogelijk getuige van is en om strategieën voor risicobeperking vast te stellen.

Door hen een duidelijk beeld te geven van uw bedrijfsconcept, fiscale schattingen en ontwikkelingsmogelijkheden, kan een goed geschreven businessplan u helpen mogelijke investeerders of geldschieters aan te trekken.

Verantwoordelijkheid wordt bevorderd en uw bedrijf wordt op koers gehouden met behulp van een businessplan, dat een kader biedt voor het bewaken en beoordelen van uw voortgang in de richting van uw pretenties en doelen.

Rudimenten waaruit een businessplan bestaat

De volgende essentiële factoren moeten aanwezig zijn in een businessplan een korte samenvatting Uw bedrijfsconcept, doelverzoek, concurrentievoordeel, fiscale prognoses en mogelijke groei moeten in dit gedeelte allemaal compact worden samengevat.

Bedrijfsbeschrijving In dit gebied moet u een meer grondige uitleg geven van uw bedrijfsopvatting, inclusief de bijzonderheden of diensten die u wilt aanbieden, uw doelgroep, uw concurrentievoordeel en uw mogelijkheid tot uitbreiding.

Verzoekanalyse In dit gebied moet u de demografische gegevens van uw doelverzoek ontleden, evenals de omvang, trends en positie van het verzoek in de markt.

Prijzen, advertenties en distributie moeten allemaal worden opgenomen in het marketing- en dealtactiekgedeelte van uw essay.

Werking en organisatie In dit gebied moet u de werkingsstructuur van uw bedrijf beschrijven, inclusief de belangrijkste spelers en hun taken.

Fiscale prognoses In dit deel moeten een break-even-analyse, een samenvatting van uw back-upvoorwaarden en fiscale prognoses worden opgenomen,

vergelijkbaar met resultatenrekeningen, balansen en kasinstroomoverzichten.
aanvullingen Dit deel moet nieuwe details bevatten die van belang zijn voor uw bedrijfsplannen, zoals belangrijke cv's van de beroepsbevolking, beschrijvingen van uw producten of diensten of statistieken van uw verzoek om onderzoek.

Hoe een bedrijfsplan te schrijven

Hoewel het schrijven van een businessplan delicaat en tijdrovend kan zijn, is het cruciaal voor het succes van uw onderneming. Dan is wat noodzakelijk gedrag om marktonderzoek uit te voeren. Het begrijpen van uw doelverzoek, het spotten van potentiële rivalen en het maken van winnende marketingplannen zijn allemaal afhankelijk van het uitvoeren van verzoekonderzoek. Gebruik verschillende methoden om meer te weten te komen over uw verzoek, waaronder controles, focusgroepen en secundaire bronnen.
Definieer uw bedrijfsconcept, inclusief uw producten of diensten, doelverzoek en concurrentievoordeel, op basis van uw verzoekverkenning.
Stel pretenties en objecten vast Maak gebruik van uw bedrijfsconcept terwijl u

zinvolle, kwantificeerbare pretenties en objecten voor uw bedrijf vaststelt. Deze moeten zowel korte- als langetermijnobjecten bevatten.

Produceer strategieën en tactieken produceer strategieën en tactieken om u te helpen uw pretenties en doelen te bereiken. Deze moeten fiscale plannen, functionele strategieën en marketing- en dealstrategieën omvatten.

Maak fiscale prognoses maak fiscale prognoses, vergelijkbaar met resultatenrekeningen, saldo-verspillingen en kasinstroomoverzichten, met behulp van uw plannen en manieren.

Na het voltooien van de bovengenoemde processen, ontwikkelt u uw bedrijfsplan door vast te houden aan de essentiële factoren die hierboven zijn beschreven.

Uw businessplan moet worden herzien en gestroomlijnd.

Uw bedrijfsstrategie is niet een eenmalig iets dat u opschrijft en ook negeert. Het moet periodiek worden herzien en gestroomlijnd, omdat het een levend document is en actueel moet blijven. Het daaruit voortvloeiende advies kan u helpen uw businessplanplanning te onderzoeken en te moderniseren. Bepaal wanneer u uw bedrijfsstrategie gaat inschatten en moderniseren. Afhankelijk van de eisen van uw etablissement kan dit periodiek, halfjaarlijks of jaarlijks gebeuren.

Beoordeel de voortgang Gebruik uw bedrijfsstrategie als maatstaf om te beoordelen hoe goed u het doet om uw doelen te bereiken. Slaag je in je pretenties? Waarom niet, zo niet? Gebruik deze kennis om uw strategie en tactiek waar nodig aan te passen.

Blijf actueel Houd uw bedrijfsplan up-to-date met de nieuwste eisen van consumenten, vraagtrends en verbeteringen op het gebied van toewijding. Dit zal u helpen om de concurrentie een stap voor te blijven en nieuwe ontwikkelingsmogelijkheden te ontdekken.

Vraag input over uw bedrijfsstrategie aan betrouwbare adviseurs, zoals instructeurs, collega's of bedrijfstrainers. Dit kan u opmerkzame informatie geven en u laten zien waar u oogloze plekken heeft of ruimte voor verbetering.

Gebruik uw bedrijfsplan als marketingtool Vooral wanneer u op zoek bent naar kapitaal of aansluitingen, kan uw bedrijfsplan een krachtige marketingtool zijn. Gebruik het om aan potentiële investeerders of zakenpartners de conceptie, fiscale vaccinaties en groeivooruitzichten van uw bedrijf te demonstreren.

Conclusie

Een cruciale stap bij het starten of laten groeien van een bedrijf is het ontwikkelen van een bedrijfsstrategie. Het fungeert als een routekaart voor de toekomst van uw bedrijf en helpt bij het uitleggen van concepten, het bepalen van zaken en het ontwikkelen van plannen en tactieken voor succes.

U kunt een grondig businessplan opstellen dat u zal helpen uw weg naar succes te volgen door het uitvoeren van verzoekverkenning, het definiëren van uw bedrijfsconcept, het stellen van pretenties en doelstellingen, het formuleren van strategieën en tactieken en het maken van fiscale prognoses. Om uw businessplan actueel en toepasbaar te houden, vergeet niet om het voortdurend te herzien en te wijzigen.

hoofdstuk 5

Financiering vinden: Strategieën voor het financieren van uw start-up

Het starten van een nieuw bedrijf kan een initiatief zijn en een afmattende reis. Een van de grootste uitdagingen waarmee ondernemers worden geconfronteerd, is het veranderen van de steun die nodig is om hun lancering te starten en te laten groeien. In deze samenstelling verkennen we enkele strategieën voor de financiering van uw lancering.

Eigen spaargeld Een van de eenvoudigste manieren om een lancering te financieren, is door gebruik te maken van uw spaargeld. Hiermee kunt u voorkomen dat u schulden aangaat of eigen vermogen in uw bedrijf opgeeft. Overweeg echter een bijbaan te nemen of uw kosten te verlagen om meer geld vrij te maken voor uw lancering, als u niet over voldoende spaargeld beschikt.

Musketiers en familie Een andere optie is om steun te zoeken bij musketiers en familie. Dit kan een goede optie zijn als u een netwerk van bewijskrachtige individualisten heeft die bereid zijn in uw bedrijf te investeren. Toch is het belangrijk om dit individueel professioneel aan te pakken en duidelijke afspraken te maken om impliciete conflicten in de toekomst te voorkomen.

Crowdfunding is een populaire manier geworden voor ondernemers om financiering voor hun lanceringen op te halen. Dit omvat het creëren van een campagne op een Crowdfunding-platform, vergelijkbaar met Kickstarter of Indiegogo, en het aanbieden van impulsen om te individualiseren wie bijdragen aan uw campagne. Het is belangrijk om een goed opgestelde kruistocht te hebben met een duidelijke communicatie en een waardevoorstel om impliciete investeerders aan te trekken.

Angel Investors zijn dikke individualisten die investeren in lanceringen in ruil voor eigen vermogen of een aandeel in de winst van het bedrijf. Ze investeren over het algemeen kleinere hoeveelheden dan avontuurlijke plutocraten en kunnen mentoring of begeleiding geven bij de lancering. Om angel-investeerders aan te trekken, heb je een overtuigende bedrijfsopvatting, een solide businessplan en een sterk peloton nodig.

Venture plutocraten zijn professionele investeerders die steun geven aan start-ups met een hoge groeikans. Ze investeren over het algemeen grotere hoeveelheden dan angel-investeerders en hebben mogelijk een groter aandelenbelang in het bedrijf. Om avontuurlijke plutocraten aan te trekken, heb je een sterke staat van dienst, een bewezen bedrijfsmodel en een duidelijk plan voor je bedrijf nodig.

Small Business Administration (SBA) Leningen De SBA verstrekt leningen aan kleine bedrijven om hen te helpen hun bedrijf te starten en te laten groeien. Deze leningen hebben over het algemeen een lagere rente en gunstigere voorwaarden dan traditionele leningen, waardoor ze een aantrekkelijke optie zijn voor ondernemers. Om in aanmerking te komen voor een SBA-lening, moet u een sterk bedrijfsplan, een solide kredietscore en onderpand hebben om de lening veilig te stellen.

Subsidies Er zijn verschillende subsidies beschikbaar voor ondernemers van overheidsinstanties, non-profitorganisaties en particuliere verenigingen. Deze subsidies kunnen steun geven zonder dat u eigen vermogen in uw bedrijf hoeft op te geven. Toch kan het operatieproces concurrerend en tijdrovend zijn.

Conclusie

Het ondersteunen van uw lancering kan een slopende taak zijn, maar er zijn verschillende opties beschikbaar voor ondernemers. Door bepaalde besparingen uit te oefenen, steun te zoeken bij musketiers en familie, crowdfunding, engelinvesteerders of avontuurlijke plutocraten aan te trekken, SBA-leningen of subsidies aan te vragen, kunnen ondernemers hun lanceringen financieren en hun zakelijke ideeën tot leven brengen. Het is belangrijk om de juiste ondersteuningsstrategie voor uw bedrijf te kiezen en een goed opgesteld businessplan, een sterk peloton en een solide staat van dienst te hebben om investeerders of geldschieters aan te trekken.

Als het gaat om het wisselen van back-up voor uw lancering, is het belangrijk om de voor- en nadelen van elke back-upoptie te begrijpen. Bijzondere besparingen en steun van musketiers en familie kunnen vrij gemakkelijk te verkrijgen zijn, maar het betekent ook dat u mogelijk beperkte financiën heeft om mee te werken. Crowdfunding kan een goede manier zijn om snel geld bijeen te krijgen, maar het kan ook grotendeels concurrerend zijn en veel moeite kosten om tot een succesvolle kruistocht te komen.

Angel-investeerders en avontuurlijke plutocraten kunnen aanzienlijke steun bieden, maar ze verwachten ook een hoog rendement op hun investering en kunnen een groot aandelenbelang in uw bedrijf hebben. Het is belangrijk om precies te overwegen of dit de juiste weg is voor uw bedrijf en om bereid te zijn om enige controle over uw bedrijf op te geven.

SBA-leningen kunnen een verleidelijke optie zijn voor kleine bedrijven, maar ze hebben ook een sterk businessplan, een solide kredietgeschiedenis en onderpand om de lening veilig te stellen. Het aanvragen van subsidies kan een goede manier zijn om steun te krijgen zonder eigen vermogen op te geven, maar het kan ook een grotendeels competitief proces zijn met veel papierwerk en bureaucratie.

Naast het begrijpen van de voor- en nadelen van elke back-upoptie, is het ook belangrijk om na te denken over de impact van back-up op uw bedrijf. Ter illustratie: het aangaan van schulden kan uw bedrijf onder druk zetten om snel winst te maken, terwijl het opgeven van eigen vermogen kan betekenen dat u de controle over belangrijke zakelijke meningen moet opgeven.

Bij het maken van een businessplan is het belangrijk om een duidelijk beeld te hebben van uw ondersteuningsbehoeften en om een ondersteuningsstrategie te ontwikkelen die aansluit bij uw zakelijke ambities. Dit kan een combinatie van ondersteunende bronnen zijn, zoals bepaalde besparingen, engelinvesteringen en subsidies.

Het is ook belangrijk om realistisch te zijn over uw ondersteuningsbehoeften en om een noodplan te hebben voor het geval de effecten niet gaan zoals gepland. Dit kan betrekking hebben op het in verband brengen met andere impliciete bronnen van steun, zoals creditcards of bepaalde leningen, of het ontwikkelen van strategieën om kosten te verlagen en de winstgevendheid te verbeteren.

Tot slot, toevallige steun voor uw lancering is een belangrijke stap om uw bedrijfsidee tot leven te brengen. Door de voor- en nadelen van elke ondersteuningsoptie te begrijpen, een solide businessplan te ontwikkelen en een duidelijk begrip te hebben van uw ondersteuningsbehoeften en -pretenties, kunt u een ondersteuningsstrategie opstellen die aansluit bij uw bedrijf en u klaarstoomt voor succes.

Hoofdstuk 6

Juridische overwegingen: navigeren door contracten, octrooien en handelsmerken

Het is cruciaal om rekening te houden met juridische kwesties bij het starten van een bedrijf of het aangaan van enige vorm van verhandelbare onderneming om ervoor te zorgen dat de operatie voldoet aan alle toepasselijke wetten. Contracten, patenten en handelsmerken zijn de drie juridische disciplines die het belangrijkst zijn om te begrijpen. Dit zijn allemaal cruciale instrumenten om valkuilen te beheersen, vooruitzichten te creëren en intellectueel eigendom en andere middelen veilig te stellen.

Contracten

Een vrij bindende overeenkomst die de voorwaarden van een verkoop of relatie specificeert, staat bekend als een contract. Contracten kunnen mondeling of schriftelijk zijn, maar schriftelijke overeenkomsten hebben over het algemeen de voorkeur omdat ze een nauwkeurig overzicht bieden van de bereikte voorwaarden. Handelsovereenkomsten, arbeidsovereenkomsten, leaseovereenkomsten en serviceovereenkomsten zijn slechts enkele voorbeelden van typische contractvormen.

Ervoor zorgen dat beide partijen de voorwaarden van een contract begrijpen, is een van de belangrijkste factoren waarmee rekening moet worden gehouden. Dit houdt in dat elke gespecialiseerde taal of branchespecifiek straattaal moet worden verduidelijkt of uitgelegd en dat de taal van het contract eenvoudig en ondubbelzinnig moet zijn. Ook moet elke partij, voordat de overeenkomst wordt ondertekend, de kans krijgen om deze in te schatten, vragen te stellen en uitleg te krijgen.

Het is ook een cruciale factor om ervoor te zorgen dat het contract afdwingbaar is. Dit houdt in dat het contract moet voldoen aan bepaalde wettelijke normen, zoals dat het door alle partijen vrij kan worden aangegaan, en dat de inhoud ervan niet onwettig of in strijd met de openbare orde mag zijn. In sommige omstandigheden moet een contract, om afdwingbaar te zijn, ook schriftelijk zijn en door alle partijen worden ondertekend.

Uiteindelijk is het cruciaal om je voor te stellen wat er zou gebeuren als één persoon de overeenkomst zou breken. Dit kan het definiëren van de toepasselijke bevelen voor de overtreding inhouden, vergelijkbaar met het oproepen van de overtreder om herstel te verlenen of om bepaalde stappen te ondernemen om het goed te maken. Om dure en tijdrovende acties te voorkomen, kan het ook het opnemen van clausules voor tegenstrijdige overeenkomsten omvatten, vergelijkbaar met arbitrage of overeenkomsten.

Octrooien

Een patent is een redelijk geëerde titel die de houder gedurende een bepaalde tijd de enige mogelijkheid geeft om een uitvinding te produceren, te gebruiken en te manipuleren. Door formuleerders in staat te stellen geld te verdienen met hun ideeën, zijn patenten bedoeld om creativiteit te bevorderen. Ze moedigen ook de publicatie van nieuwe ideeën aan, zodat anderen erop kunnen voortbouwen. Een innovator moet een octrooiaanvraag indienen bij de betreffende overheidsinstantie om een octrooi te verkrijgen. De operatie moet alle essentiële afbakeningen en andere verklaringen bevatten, evenals een grondige uitleg van de uitvinding. Een octrooibewaker zal de werking inschatten en beslissen of de uitvinding voldoet aan de wettelijke criteria voor octrooieerbaarheid.

Zorg ervoor dat de uitvinding daadwerkelijk uniek en niet voor de hand liggend is als het om patenten gaat. Dit houdt in dat de uitvinding geen duidelijke interpretatie mag zijn van een eerder bestaande uitvinding en dat deze niet voorlopig aan het publiek is onthuld. Evenzo is het van cruciaal belang om te bevestigen dat de innovator redelijk goed genoeg is om een octrooi aan te vragen, waarvoor mogelijk toestemming nodig is van een werkgever of andere partijen met een impliciet belang in de uitvinding.

Het feit dat het octrooi wordt geëxecuteerd, is een andere cruciale factor. Denk hierbij aan het in de gaten houden van het verzoek om mogelijke overtreders op te sporen en het ondernemen van juridische stappen om overtredingen te stoppen of te helpen voorkomen. Het zou de uitvinding ook voor derden kunnen versterken, wat een belangrijke bron van winst voor de octrooihouder zou kunnen zijn.

Handelsmerken

Een handelsmerk is een ontwerp, term of uitdrukking die wordt gebruikt om een artikel of dienst stukje bij beetje van een ander te identificeren en te scheiden. Handelsmerken zijn belangrijk omdat ze consumenten helpen de bron van een goed of dienst te bepalen en omdat ze een effectief marketinginstrument voor bedrijven kunnen zijn.

Een bedrijf moet een merkaanvraag indienen bij de betreffende overheidsinstantie om een merk te verkrijgen. Een grondige uitleg van het handelsmerk en alle noodzakelijke ondersteunende attesten, zoals voorbeelden van hoe het merk zal worden gebruikt, moeten bij de operatie worden gevoegd. Een handelsmerkmonitor zal de operatie overlopen en beslissen of het merk uniek genoeg is om te worden geregistreerd en of het waarschijnlijk verwarring veroorzaakt met eerder geregistreerde handelsmerken.

Verifiëren dat een handelsmerk de rechten van anderen niet schendt, is een van de belangrijkste juridische factoren waarmee rekening moet worden gehouden bij het omgaan met handelsmerken. Om er zeker van te zijn dat het handelsmerk niet eerder door een ander bedrijf of persoon wordt gebruikt, moet een uitgebreide controle worden uitgevoerd. Het houdt ook in dat het gebruik van handelsmerken wordt vermeden die exorbitant analoog zijn aan de voorheen in gebruik zijnde handelsmerken, aangezien dit kan leiden tot verwarring bij de klant en zelfs tot juridische problemen.

Ervoor zorgen dat het handelsmerk gedwee wordt beveiligd, is een andere cruciale factor. Denk hierbij aan het aanvragen van handelsmerkbescherming in verschillende landen of gebieden, het in de gaten houden van het verzoek om potentiële inbreukmakers op te sporen en het ondernemen van juridische stappen om schendingen te stoppen of te helpen voorkomen. Het kan ook gaan om het verlenen van licenties voor het gebruik van het merk aan derden, wat een economische bron van winst kan zijn voor de merkhouder.

Naast deze juridische kwesties is het cruciaal om na te denken over de strategische gevolgen van contracten, patenten en handelsmerken. Contracten kunnen bijvoorbeeld worden gebruikt om eenduidige prospects met leveranciers, gasten en medewerkers te definiëren, maar ook om belangrijke bedrijfsgegevens zoals handelsgeheimen te bewaken.

Octrooien kunnen worden gebruikt om een bedrijf een concurrentievoordeel te geven en om originele uitvindingen of technologieën te dekken. Handelsmerken kunnen worden gebruikt om klanttrouw en merkbewustheid te ontwikkelen, evenals een duidelijke identiteit voor het bedrijf.

Het kan delicaat zijn om door deze juridische zaken te navigeren; daarom is het altijd heilzaam om een getrainde raadsman te raadplegen die gespecialiseerd is in deze zaken. Naast brandadvies over politieke zaken zoals licenties, actie en wereldwijde groei, kan een advocaat helpen garanderen dat contracten, patenten en handelsmerken redelijk degelijk en gedwee worden uitgevoerd. Bedrijven kunnen hun intellectuele eigendom en andere middelen bewaken, valkuilen beheersen en een sterke basis leggen voor succes op de lange termijn door deze juridische factoren nauwkeurig te beheersen.

hoofdstuk 7

Een sterk team bouwen: talent aannemen en beheren

De kwaliteit van de pool van een bedrijf heeft een grote invloed op de prestaties. Een groot peloton kan uitvindingen stimuleren, affaires stimuleren en een bedrijf helpen zijn doelen te bereiken. Maar om een solide peloton samen te stellen, moeten de selectie- en operatieprocedures grondig worden bestudeerd. We zullen in dit bericht enkele manieren bekijken om mensen te kiezen en te begeleiden.

In dienst nemen

Het aannemen en aannemen van de toepasselijke persoonlijkheden is de eerste stap in het creëren van een belangrijk peloton. Dit vereist een grondige waardering van de capaciteiten en tarieven die voor elk onderdeel worden gevraagd, evenals een succesvol wervingsproces.

Beschrijf uw onderdeel

Het is van cruciaal belang om de functie en taken van de functie duidelijk te beschrijven voordat het wervingsproces wordt gestart. Dit maakt het waarschijnlijker dat de functiebeschrijving gedwee de capaciteiten en referenties vertegenwoordigt die voor de functie worden vereist.

Gebruik verschillende recuperatiekanalen

Het uitoefenen van een verscheidenheid aan terugwinningskanalen is cruciaal als u een brede pool van prospects wilt aantrekken. Dit kunnen bulletins op commerciële websites, sociale-mediaplatforms en vacaturesites zijn, maar ook netwerkfuncties en bepaalde aanbevelingen.

Gedragsinterviewvragen moeten worden gebruikt

Het punt van vragen over gedragsinterviews is om de vroegere kansen van een zoeker in te schatten en te anticiperen op ongeboren kansen

. Als het gaat om het herkennen van elitegeschenken, kunnen ze nuttiger zijn dan conventionele interviewvragen.

Zoek referenties op

Een cruciale fase in het wervingsproces is het controleren van referenties. Het kan worden gebruikt om de achtergrond en referenties van een zoeker te bevestigen en om informatie over hun werkstijlen en karakter te rijpen.

Beheren

Nadat je het juiste geschenk hebt geraden, is het van cruciaal belang om dat geschenk goed te beheren en te ontwikkelen. Dit kan verschillende tactieken met zich meebrengen, zoals het schetsen van precieze vooruitzichten, het geven van frequente feedback en het presenteren van kansen voor verbetering.

Verduidelijk uw vooruitzichten.

Het eenvoudig definiëren van prospects is een cruciaal onderdeel van het managen van personeel. Het stellen van prestatieobjecten, het relateren van cruciale prestatie-aanwijzers (KPI's) en het regelmatig geven van feedback over de ontwikkeling zijn enkele voorbeelden van hoe u dit kunt doen.

Geef continu feedback

Werknemers constante feedback geven is cruciaal om hun groei en ontwikkeling te bevorderen. Regelmatige check-sways, functioneringsgesprekken en begeleidingssessies kunnen hier onderdeel van zijn. Feedback moet nauwkeurig, snel en bruikbaar zijn.

Geef kansen voor uitbreiding en ontwikkeling Werknemers kunnen een gevoel van eigenwaarde en betrokkenheid bij hun baan krijgen door openingen te krijgen voor groei en ontwikkeling. Rekopdrachten, opleidings- en ontwikkelingsopeningen en het aanmoedigen van personeel om nieuwe taken op zich te nemen, zijn enkele manieren om dit te doen.

Moedig een positieve plant aan

Een essentieel onderdeel van het beheren van geschenken is het creëren van een minzaam werkterrein. Dit kan bestaan uit het aanmoedigen van open communicatie, het bedanken van medewerkers voor hun prestaties en het ondersteunen van een gezonde balans tussen werk en privéleven.

Uitdagingen

Het kan delicaat zijn om een succesvol peloton te maken, en er zijn enkele typische misrekeningen die je moet vermijden. Deze komen overeen met

Alleen in dienst nemen op basis van ervaring

Hoewel ervaring cruciaal is, is het niet het enige aspect waarmee rekening moet worden gehouden bij het behouden. Zachte karbonades zoals samenwerking en communicatie zijn cruciaal voor het creëren van een geweldig peloton.

Weigeren om feedback te geven

Gebrek aan harmonieuze feedback kan leiden tot vooruitgang en een laag moreel onder werknemers. Om werknemers te helpen hun prestaties te verbeteren, is het van cruciaal belang om voortdurende coaching en feedback te bieden.

Gebrek aan groeiopeningen

Werknemers die het gevoel hebben dat hun baan statisch is, zijn eerder geneigd hun baan op te zeggen. Het bieden van kansen voor ontwikkeling en vooruitgang zou kunnen bijdragen aan het behouden van de beste beroepsbevolking.

Commerciële cultuur negeren

De bedrijfscultuur is cruciaal voor het behouden en behouden van topmensen. Er moet een solide commerciële cultuur tot stand worden gebracht die de overtuigingen en doelstellingen van de vereniging ondersteunt.

Conclusie

Een succesvolle pelotonsstructuur is essentieel voor commercieel succes. Het realiseren van commerciële doelen en het aantrekken en behouden van topmensen kan worden vergemakkelijkt door effectieve wervings- en bedrijfsvoeringspraktijken. Het opbouwen van een sterk peloton vereist voortdurende moeite en aandacht, zeker nadat het oorspronkelijke wervings- en onboardingproces is voltooid. Daarom is het belangrijk voor bedrijven om plaatsen te definiëren, meerdere kanalen te gebruiken voor terugwinning, doorlopende feedback te geven en openingen te bieden voor groei en ontwikkeling. Dan zijn er nog enkele andere tactieken voor geschenkoperaties om over na te denken

Vertrouwen ontwikkelen

Een goed peloton moet een sterke basis van vertrouwen hebben. Door open te zijn met uw peloton, uw woord te houden en oprecht met hun problemen om te gaan, kunnen directeuren hun personeel vertrouwen.

Samenwerking bevorderen

Teamwerk tussen leden kan van invloed zijn op verdere creativiteit en product. Moedig samenwerking aan door hen de kans te geven zich te verenigen op systemen en door een klimaat van open communicatie te bevorderen.

Geef prijzen en erkenning

Werknemers zijn eerder betrokken en toegewijd aan hun baan als ze zich gewaardeerd en geëerd voelen voor hun inspanningen. Werknemers die hun werk keer op keer doen, moeten erkenning en voordelen erkennen, vergelijkbaar met lagniappes, verhogingen of openbare zon.

Vroegtijdige oplossing van prestatieproblemen

Vroegtijdige interventie bij prestatiegerichte bedrijven kan helpen voorkomen dat ze zich de laatste tijd ontwikkelen tot grotere botten. Geef ze echter begeleiding en gedetailleerd commentaar, zodat ze beter kunnen worden als een werknemer niet goed presteert.

Focus op work-life balance.

Werknemers hechten steeds meer belang aan de balans tussen werk en privéleven, vooral in het huidige werkterrein op afstand. Flexibele planning, werkopeningen op afstand en betaald verlof bevorderen de balans tussen werk en privéleven.

Naast deze tactieken is het van cruciaal belang om regelmatig de vereisten van je peloton in te schatten en je operatietactieken indien nodig aan te passen. Dit kan bestaan uit het verzamelen van handinvoer, het afdekken van cruciale prestatiecriteria en het maken van aanpassingen voor veranderingen in het commerciële terrein.

Uitdagingen

Het proces van het ontwikkelen en leiden van een goed peloton is niet zonder problemen. Hierna volgen enkele andere typische problemen waarvoor u zich zorgen moet maken

Het stijlvolle geschenk behouden

Het kan delicaat zijn om een topcadeau te behouden in het machiavellistische werkverzoek van het moment. Het bieden van kansen op groei en ontwikkeling, evenals betaling en voordelen die concurrerend zijn, is cruciaal.

Verantwoordelijk voor Remote brigades

Het managen van externe brigades kan delicaat zijn vanwege problemen met samenwerking en communicatie. Het opzetten van duidelijke communicatieroutes, het aanbieden van tools en middelen voor werken op afstand en het definiëren van duidelijke prestatieobjecten zijn allemaal cruciaal.

Conflicten beheren

Het structureren van een goed peloton kan aanzienlijk worden belemmerd door interpersoonlijke conflicten. Openingen creëren voor een eerlijke dialoog en conflictoplossing, het is cruciaal om conflicten vooraf en effectief aan te pakken.

Het moreel hooghouden

Een laag moreel kan een groot effect hebben op hoe productief en betrokken een peloton is. Door lof en prijzen te geven, prestatieproblemen op te lossen en een gezonde werksfeer te bevorderen, moeten morele kwesties worden aangepakt.

Conclusie

Een geplande benadering van het inhuren, evenals een voortdurende focus op handontwikkeling en betrokkenheid, zijn noodzakelijk voor het creëren en behouden van een geweldig peloton. Bedrijven kunnen een peloton vormen dat in staat is om hun doelen te bereiken en creativiteit te bevorderen door een sterke nadruk te leggen op vertrouwen, samenwerking, erkenning en balans tussen werk en privéleven, evenals duikende kwesties zoals retentie, werken op afstand, conflicten en moreel.

Hoofdstuk 8

Een winnende bedrijfscultuur creëren: uw werknemers motiveren en betrekken

Het opbouwen van een succesvolle bedrijfscultuur is essentieel voor het inspireren en betrekken van personeel. Een omgeving die vriendelijk en stimulerend is op het werk, kan resulteren in een hogere output, meer werkplezier en een lager personeelsverloop. Hier zijn enkele ideeën voor het ontwikkelen van een succesvolle bedrijfscultuur:

Stel uw waarden vast

De eerste stap in het ontwikkelen van een gezonde bedrijfscultuur is het bepalen van de waarden van uw organisatie. De principes van uw organisatie moeten duidelijk zijn voor alle werknemers en moeten leidend zijn voor ieders gedrag en besluitvorming.

Bevorder openhartige communicatie

De basis van vertrouwen en teamwerk tussen medewerkers is open communicatie. Door regelmatig teamvergaderingen, ideeënbussen en één-op-één-sessies met het management te houden, bevordert u een open communicatie.

Bied mogelijkheden voor ontwikkeling en groei

Werknemers willen geloven dat hun positie daardoor evolueert en uitbreidt. Geef werknemers de kans om zich te ontwikkelen in hun loopbaan, nieuwe vaardigheden te verwerven en nieuwe verantwoordelijkheden op zich te nemen.

Zorg voor marktconforme beloning en secundaire arbeidsvoorwaarden

Om toptalent aan te trekken en te behouden, zijn aantrekkelijke beloningen en extralegale voordelen noodzakelijk. Zorg ervoor dat uw salaris en secundaire arbeidsvoorwaarden concurrerend zijn door wat onderzoek te doen naar industrienormen.

Successen erkennen en eren

Prestaties van werknemers moeten worden erkend en beloond, aangezien dit een sterke stimulans kan zijn. Zorg voor beloningen, doorgroeimogelijkheden en publieke waardering voor medewerkers die uitblinken in hun functie.

De balans tussen werk en privéleven stimuleren

Bied werknemers betaald verlof, werkkeuzes op afstand en flexibele planning om te helpen bij het behouden van een gezonde balans tussen werk en privéleven.

Uitdagingen

Het opbouwen van een succesvolle bedrijfscultuur gaat niet zonder problemen. Hieronder volgen enkele meer typische problemen waarmee u rekening moet houden:

Verantwoordelijk voor teams op afstand

Het opbouwen en behouden van een gezonde bedrijfscultuur levert met name problemen op bij het werken met personeel op afstand. Het bevorderen van samenwerking en communicatie tussen teamleden op afstand kan een uitdaging zijn. Zorg voor effectieve communicatiekanalen en bied hulpmiddelen en hulpmiddelen voor werken op afstand om te helpen met deze problemen.

Conflicten beheren

Het opbouwen van een gezonde bedrijfscultuur kan aanzienlijk worden belemmerd door interne conflicten tussen personeel. Door kansen te creëren voor een eerlijke dialoog en conflictoplossing, is het cruciaal om vroegtijdig en effectief met conflicten om te gaan.

Het moreel hooghouden

Het niveau van betrokkenheid en productiviteit onder werknemers kan aanzienlijk worden beïnvloed door een laag moreel. Door lof en prijzen te geven, prestatieproblemen op te lossen en een gezonde werksfeer te bevorderen, moeten morele kwesties worden aangepakt.

Inclusie en diversiteit vergroten

Hoewel het bouwen van een inclusieve en diverse werkplek moeilijk kan zijn, is het cruciaal voor het ontwikkelen van een sterke bedrijfscultuur. Zorg ervoor dat uw wervings- en promotiepraktijken inclusief zijn en geef regelmatig diversiteits- en inclusietrainingen.

Conclusie

Een bloeiende bedrijfscultuur vereist constant werk en focus. U kunt een productieve en bemoedigende werkomgeving creëren die werknemers inspireert en betrekt door uw waarden te definiëren, open communicatie aan te moedigen, kansen voor groei en ontwikkeling te bieden, concurrerende vergoedingen en secundaire arbeidsvoorwaarden te bieden, prestaties te erkennen en te belonen en de balans tussen werk en privéleven te bevorderen. Uw bedrijfscultuur zal in de loop van de tijd sterk en goed blijven als u typische zaken aanpakt, zoals het managen van teams op afstand, het omgaan met conflicten, het in stand houden van het moreel en het bevorderen van diversiteit en inclusie.

Hier zijn enkele andere ideeën voor het ontwikkelen van een succesvolle bedrijfscultuur:

Geef het goede voorbeeld

Het ontwikkelen van een gezonde werkcultuur is grotendeels de verantwoordelijkheid van leiders. Leiders behoren te handelen volgens de principes en normen die hen dierbaar zijn. Dit houdt in dat je zowel open en behulpzaam bent als beleefd en coöperatief.

Samenwerking bevorderen

Samenwerking tussen medewerkers kan creativiteit, output en werkgeluk stimuleren. Het bieden van kansen voor teamwerk, cross-functionele initiatieven en informatie-uitwisseling bevorderen de samenwerking.

Welzijn en welzijn bevorderen Een gezonde werkcultuur vereist aandacht voor het welzijn en welzijn van werknemers. Om werknemers te helpen bij het behouden van een gezonde levensstijl, biedt u wellnessprogramma's aan, waaronder bewegingslessen op locatie en diensten voor geestelijke gezondheidszorg.

Hier zijn enkele andere ideeën voor het ontwikkelen van een succesvolle bedrijfscultuur:

Geef het goede voorbeeld

Het ontwikkelen van een gezonde werkcultuur is grotendeels de verantwoordelijkheid van leiders. Leiders behoren te handelen volgens de principes en normen die hen dierbaar zijn. Dit houdt in dat je zowel open en behulpzaam bent als beleefd en coöperatief.

Samenwerking bevorderen

Samenwerking tussen medewerkers kan creativiteit, output en werkgeluk stimuleren. Het bieden van kansen voor teamwerk, cross-functionele initiatieven en informatie-uitwisseling bevorderen de samenwerking.

Welzijn en welzijn bevorderen Een gezonde werkcultuur vereist aandacht voor het welzijn en welzijn van werknemers. Om werknemers te helpen bij het behouden van een gezonde levensstijl, biedt u wellnessprogramma's aan, waaronder bewegingslessen op locatie en diensten voor geestelijke gezondheidszorg.

Bij het ontwikkelen van een succesvolle bedrijfscultuur zijn er extra moeilijkheden waar u rekening mee moet houden:

Vertrouwen opbouwen Het opbouwen van vertrouwen kan tijd kosten, maar het is cruciaal voor een sterke werksfeer. Om het vertrouwen van uw personeel te winnen, moet u open, waarheidsgetrouw en consistent zijn in uw communicatie en besluitvorming.

Verandering beheersen

Elke organisatie zal verandering ervaren, maar het kan de cultuur van het bedrijf verstoren. Beheer verandering met succes door communicatielijnen open en proactief te houden, inclusief personeel bij de besluitvorming, en hulp en middelen te bieden als dat nodig is.

Bewaken van individuele en teamdoelen
De teamdoelstellingen en persoonlijke doelstellingen kunnen af en toe botsen. Om te garanderen dat individuele successen bijdragen aan het algehele succes van het team en de organisatie, is het cruciaal om een balans te vinden tussen individuele en teamdoelen.

Kortom, het ontwikkelen van een succesvolle organisatiecultuur vraagt om continu werk en focus. U kunt een productieve en bemoedigende werkomgeving creëren die mensen inspireert en betrekt door het goede voorbeeld te geven, samenwerking te bevorderen, gezondheid en welzijn te bevorderen, een gemeenschapsgevoel te bevorderen, duidelijke verwachtingen en feedback te stellen en prestaties te belonen. Uw bedrijfscultuur zal in de loop van de tijd sterk en goed zijn als u zaken aanpakt als het ontwikkelen van vertrouwen, omgaan met veranderingen en het balanceren van individuele en teamdoelen.

Hoofdstuk 9

Uw start-up opstarten: Uw middelen maximaliseren

Het kan kostbaar en gevaarlijk zijn om een bedrijf te starten. Toch zijn er stijlen die zakelijke bezitters kunnen gebruiken om hun begintijd met weinig plutocratie te vestigen. Bootstrapping is de term die wordt gebruikt om deze strategie te beschrijven. Bootstrapping verwijst naar het gebruik van voorheen beschikbare fondsen om een vestiging te starten en uit te breiden. Gebruik deze tips bij het opstarten van uw bedrijf om uw schatkist te maximaliseren

Construeer een minimaal haalbaar product.

Een minimaal levensvatbaar product (MVP) is een goed of dienst dat de functionaliteit biedt die nodig is om te voldoen aan de vereisten van early adopters en tegelijkertijd input verzamelt voor ongeboren productontwikkeling. Door u uw conceptie te laten testen voordat u geld uitgeeft aan een volledige productlancering, kan het maken van een MVP u helpen tijd en geld te besparen.

Gebruik gratis en goedkope schatkisten

Ondernemers hebben toegang tot een breed scala aan gratis en betaalbare bronnen, waaronder open-source software, gratis webtools en betaalbare marketingmogelijkheden. U kunt uw startkosten verlagen en uw belastingkas besparen door deze schatkist uit te oefenen.

Maak gebruik van uw netwerk

Bij het opstarten van een startup kan uw persoonlijke en professionele netwerk een nuttige hulpbron zijn. Vraag uw musketiers, familie en medewerkers of zij advies of ondersteuning kunnen geven. Mogelijk kunt u nieuwe gasten of investeerders detecteren door uw netwerk als hulpmiddel te gebruiken.

Zoek naar onmisbare financieringsbronnen

Bootstrapping telt niet als het zoeken naar fiscale steun. Onmisbare fondsenwervingsopties, waaronder crowdfunding, leningen voor kleine bedrijven en subsidies, kunnen u helpen meer geld in te zamelen zonder bedrijfsaandelen op te geven.

Verlaag de uitstroomkosten

Het handhaven van de laagst mogelijke uitstroomkosten is cruciaal voor bootstrapping. In plaats van fulltime personeel in dienst te houden, kan dit bestaan uit doorwerken, participeren in kantoorruimte of werk uitbesteden aan aannemers.

Let op uw instroom van geld

Het beheren van uw instroom van contanten is essentieel terwijl u uw begintijd opstart. Houd uw kasinstroom nauwlettend in de gaten en zorg ervoor dat u een strategie heeft om de uitgaven te beheersen en inkomsten te genereren.

Bij het bootstrappen van een lancering zijn er enkele nieuwe problemen waarmee u rekening moet houden, zoals

Kleinere koffers

Werken met een klein budget is normaal tijdens bootstrapping, wat delicaat kan zijn. Bereid u voor om precedenten te scheppen en te kiezen waar u uw schatkist wilt uitgeven.

Tijdelijk bootstrapping kan veel tijd kosten, vooral als u met verschillende taken jongleert of met een klein peloton werkt. Wees bereid om lange uren te werken en uw tijd goed te beheren.

Kleine schaalbaarheid

Bootstrapping kan het voor u delicater maken om uw bedrijf te laten groeien. Wees bereid om expansie in een langzamer, meer gecontroleerd tempo te benaderen en om u te concentreren op het creëren van een duurzaam bedrijf op de lange termijn.

Kleinere koffers

Werken met een klein budget is normaal tijdens bootstrapping, wat delicaat kan zijn. Bereid u voor om precedenten te scheppen en te kiezen waar u uw schatkist wilt uitgeven.

Tijdelijk bootstrapping kan veel tijd kosten, vooral als u met verschillende taken jongleert of met een klein peloton werkt. Wees bereid om lange uren te werken en uw tijd goed te beheren.

Kleine schaalbaarheid

Bootstrapping kan het voor u delicater maken om uw bedrijf te laten groeien. Wees bereid om expansie in een langzamer, meer gecontroleerd tempo te benaderen en om u te concentreren op het creëren van een duurzaam bedrijf op de lange termijn.

Ga digitaal met marketing

Zonder veel plutocraten te investeren, kan digitale marketing een effectieve benadering zijn om contact te maken met uw demografische doelgroep. Gebruik sociale netwerkspots, verzendmarketing en contentmarketing om de bekendheid van het merk en het genereren van leads te vergroten.

Geef klanttoetreding en -behoud een topprioriteit

Het is van cruciaal belang om u te concentreren op het binnenhalen en behouden van klanten bij het bootstrappen. Om dit te doen, moet u uw doelverzoek identificeren, hun wensen en pijnpunten begrijpen en goederen en diensten produceren om aan die eisen te voldoen. Het gaat ook om het smeden van een solide band met uw gasten om hernieuwde zaken en nuttige mond-tot-mondreclame te bevorderen.

Zorg voor een belangrijke merkidentiteit

Uw lancering kan opvallen in een concurrerende aanvraag door een onderscheidende merkidentiteit te creëren. Besteed tijd en plutocrat aan het ontwerpen van uw merkstrategie, die de tone of voice, visuele identiteit en communicatie van uw bedrijf moet omvatten.

Leg de nadruk op coördinatie en innovatie

Bootstrapping vereist een ruimdenkende, creatieve aanpak. Stimuleer een open dialoog en samenwerking tussen uw medewerkers en sta open voor nieuwe stijlen van probleemoplossen.

Benadruk voortdurende ontwikkeling

Het succes op lange termijn van uw bootstrapped lancering hangt af van voortdurende ontwikkeling. Herzie uw bedrijfsprocedures voortdurend, zoek naar gebieden die kunnen worden verbeterd en acclimatiseer indien nodig. Vraag om input van zowel gasten als pelotonleden om er zeker van te zijn dat u waarde toevoegt en aan hun voorwaarden voldoet.

Produceer een positieve intelligentie

Bootstrapping kan afmattend zijn, maar het is essentieel om een positieve instelling te hebben, extreem gemotiveerd te blijven en te volharden. Werk samen met bewijskrachtige teamgenoten, instructeurs en adviseurs die u op het juiste pad kunnen wijzen en u onderweg kunnen inspireren.

Het opstarten van een lancering kan een opwindende en bevredigende ervaring zijn, maar het vereist een zorgvuldige planning, verbeeldingskracht en een verlangen om flexibel en inventief te zijn. U kunt het beste uit uw schatkist halen, een solide basis voor uw bedrijf leggen en op de lange termijn slagen door deze suggesties en manieren te gebruiken.

Hoofdstuk 10

Gebruikmaken van technologie: hulpmiddelen en bronnen voor groei

In de steeds evoluerende bedrijfsgeografie van vandaag is technologie een noodzakelijk instrument voor groei geworden. Van startups tot gevestigde bedrijven, technologie heeft een revolutie teweeggebracht in de manier waarop bedrijven werken, waardoor ze processen kunnen stroomlijnen, nieuwe gasten kunnen bereiken en een concurrentievoordeel kunnen behalen. In deze samenstelling zullen we enkele van de cruciale tools en middelen verkennen die bedrijven kunnen gebruiken om groei te realiseren door middel van technologie.

Het uitoefenen van de bleekheid

Pall computing is naar voren gekomen als een van de belangrijkste technologische ontwikkelingen van de afgelopen tijd en biedt bedrijven een scala aan voordelen. Door softwarepakketten en services te gebruiken, kunnen bedrijven hun IT-kosten verlagen en tegelijkertijd hun schaalbaarheid en flexibiliteit perfectioneren. Pall computing stelt bedrijven ook in staat om hun gegevens overal ter wereld veilig op te slaan en te verzenden, waardoor werken en samenwerken op afstand mogelijk wordt.

De cloud oefenen

Pall computing is naar voren gekomen als een van de belangrijkste technologische ontwikkelingen van de afgelopen tijd en biedt bedrijven een scala aan voordelen. Door softwarepakketten en services te gebruiken, kunnen bedrijven hun IT-kosten verlagen en tegelijkertijd hun schaalbaarheid en flexibiliteit perfectioneren. Pall computing stelt bedrijven ook in staat om hun gegevens overal ter wereld veilig op te slaan en te verzenden, waardoor werken en samenwerken op afstand mogelijk wordt.

Sociale media

Sociale media worden een essentieel onderdeel van het ultramoderne zakelijke terrein en voorzien bedrijven van een krachtige tool om nieuwe gasten aan te trekken, interactie te hebben met huidige klanten en naamsbekendheid te vergroten. Sociale-mediasites zoals

Facebook, Instagram en Twitter hebben wereldwijd meer dan 4,5 miljard gebruikers, waardoor ze cruciale marketingtools zijn voor bedrijven van elke omvang.

Bedrijven kunnen efficiënter communiceren met hun beoogde volgers via sociale media, merktrouw bevorderen en de website-omzet vergroten. Sociale media bieden ook een verscheidenheid aan advertentiemogelijkheden, waardoor bedrijven zich met gerichte aankondigingen op bepaalde sekten kunnen richten. Door dit te doen, kunnen bedrijven effectiever nieuwe gasten bereiken en hun ROI (Return on Investment) verhogen.

Kunstmatige intelligentie (AI)

Kunstmatige intelligentie (AI) is een steeds belangrijker hulpmiddel geworden voor bedrijven en biedt een scala aan voordelen, van het perfectioneren van klantenservice tot het automatiseren van processen. AI kan worden gebruikt om grote hoeveelheden gegevens te ontleden, routinetaken te automatiseren en prognoses te maken op basis van letterlijke gegevens.

Een van de belangrijkste activiteiten van AI is de klantenservice, waar catboats en virtuele sidekicks routinematige vragen van klanten kunnen afhandelen, waardoor het personeel zich kan concentreren op complexere problemen. AI kan ook worden gebruikt om force chain-operaties te verbeteren, waardoor bedrijven hun force-situaties kunnen optimaliseren en kosten kunnen verlagen. In marketing kan AI worden gebruikt om inhoud en advertenties te belichamen, de klantervaring te perfectioneren en deals te stimuleren.

E-commerce

E-commerce heeft de detailhandel getransformeerd en biedt bedrijven een nieuwe manier om gasten te bereiken en hun producten online te verkopen. E-commerceplatforms zoals Shopify, Woo Commerce en Magenta kunnen door bedrijven worden gebruikt om snel en vloeiend een online winkel te lanceren zonder dat er technische of gespecialiseerde kennis voor nodig is.

E-commerce heeft verschillende voordelen, waaronder een bredere aanhang, betere klantenservice en lagere bedrijfskosten. Bedrijven kunnen zeven dagen per week, 24 uur per dag een wereldwijd publiek bereiken door hun producten online te verkopen. E-commerce stelt bedrijven ook in staat om geïndividualiseerde aanbevelingen te doen op basis van klantgegevens, waardoor de klantervaring wordt geperfectioneerd en deals worden gesloten.

Big Data-analyse

Big data-analyse is opgedoken als een cruciale tool voor bedrijven, die inzicht biedt in klantvraagtrends en bedrijfsprestaties. Door grote hoeveelheden gegevens te analyseren, kunnen bedrijven weloverwogen beslissingen nemen, groeimogelijkheden identificeren en hun activiteiten optimaliseren.

Big data-analyse kan op verschillende gebieden worden gebruikt, van marketing tot supply chain-operaties. In marketing kunnen bedrijven gegevens gebruiken om inhoud en advertenties te belichamen, de klantervaring te perfectioneren en deals te stimuleren. Bij force chain-operaties kunnen gegevens worden gebruikt om force-situaties te optimaliseren, verspilling te verminderen en levertijden te verbeteren.

Internet van effecten (IoT)

Het Internet of Effects (IoT) is de laatste tijd een modewoord geworden, verwijzend naar het verbonden netwerk van fysieke objecten zoals voertuigen, structuren en andere objecten die zijn voorzien van detectoren, software en connectiviteit. IoT biedt bedrijven tal van voordelen, van het perfectioneren van effectiviteit en productiviteit tot het creëren van nieuwe winstmogelijkheden.

Door gebruik te maken van IoT-bias, kunnen bedrijven gegevens over hun activiteiten verzamelen en deze gegevens gebruiken om hun processen te optimaliseren, kosten te verlagen en klanttevredenheid te verbeteren. Ter illustratie: in de productiesector kunnen IoT-detectoren worden gebruikt om de werking van machines en uitrustingen te volgen, waardoor time-out en kosten voor instandhouding worden geminimaliseerd. In de detailhandel kunnen IoT-detectoren worden gebruikt om geweldsituaties te volgen, waardoor bedrijven hun producten efficiënter kunnen aanvullen.

Mobiele applicaties

Mobiele operaties zijn een essentiële tool geworden voor bedrijven en bieden een scala aan voordelen, van het perfectioneren van klantbetrokkenheid tot het toevoegen van winst. Door een mobiele app te ontwikkelen, kunnen bedrijven hun gasten een meer gepersonaliseerde ervaring bieden, waardoor ze hun producten of diensten onderweg kunnen kopen.

Mobiele operaties kunnen ook worden gebruikt om gegevens over klanten te verzamelen, waardoor bedrijven hun marketing- en verkoopstrategieën effectiever kunnen aanpassen. Door gegevens van een mobiele app te analyseren, kunnen bedrijven bijvoorbeeld vaststellen welke producten of diensten het populairst zijn bij hun gasten en deze informatie gebruiken om gerichte marketingmagnaten te ontwikkelen.

Blockchain

Blockchain-technologie is op tal van gebieden opgedoken als een game-changer en biedt voordelen die vergelijkbaar zijn met betere beveiliging, transparantie en effectiviteit. Blockchain is een gedecentraliseerd tally-systeem dat veilige, fraudebestendige deals mogelijk maakt.

In de financiële sector kan blockchain worden gebruikt om de veiligheid en transparantie van fiscale deals te verbeteren, waardoor de dreiging van fraude en misdaden wordt verminderd.

Bij supply chain-operaties kan blockchain worden gebruikt om het verkeer van goederen te volgen en ervoor te zorgen dat ze authentiek zijn en niet nep.

Cyberbeveiliging

Met de extra afhankelijkheid van technologie is cyberbeveiliging een kritieke zorg geworden voor bedrijven van elke omvang. Cyberaanvallen kunnen datalekken, fiscaal verlies en reputatieschade veroorzaken, waardoor het essentieel is voor bedrijven om te investeren in robuuste cyberbeveiligingsmaatregelen.

Door deze tools te gebruiken, kunnen bedrijven hun netwerken en gegevens beschermen tegen cybervalkuilen en de integriteit van hun activiteiten waarborgen.

Kortom, technologie is een noodzakelijk hulpmiddel geworden voor bedrijven die op zoek zijn naar groei en succes. Van cloud computing tot cyberbeveiliging, bedrijven kunnen een scala aan tools en bronnen gebruiken om hun activiteiten te stroomlijnen, nieuwe gasten te bereiken en een concurrentievoordeel te behalen in hun afzonderlijke ijver. Door op de hoogte te blijven van de nieuwste technologische ontwikkelingen en deze in hun activiteiten op te nemen, kunnen bedrijven zich positioneren voor groei en succes op de lange termijn.

Hoofdstuk 11

Breng uw start-up op de markt: bouw uw merk en klantenbestand op

Marketing is een essentieel onderdeel van elk succesvol initiatief. Het is het proces van het promoten en verkopen van producten of diensten aan gasten. Marketing omvat een reeks conditioneringen, van het opzetten van merkbewustzijn tot het genereren van leads en het sluiten van deals. In deze compositie verkennen we de kleurrijke strategieën en tactieken die startups kunnen gebruiken om hun bedrijf op de markt te brengen, hun merken op te bouwen en hun klantenbestand te laten groeien.

Ontwikkel uw merkidentiteit

De eerste stap bij het verkopen van uw begin is het ontwikkelen van uw merkidentiteit. Uw merkidentiteit is de visuele weergave van uw bedrijf, inclusief uw totem, website, marketinguitrusting en andere inprentende beginselen. Uw merkidentiteit moet in alle kanalen harmonieus zijn en de waarden en persoonlijkheid van uw bedrijf weerspiegelen.

Om uw merkidentiteit te ontwikkelen, begint u met het definiëren van de missie en visie van uw merk. Welk probleem lost jouw begintijd op, en wat is jouw ultieme ding? Maak vervolgens een visuele identiteit die de persoonlijkheid, waarden en missie van uw merk weerspiegelt. Dit omvat uw totem, kleurenpalet, typografie en andere ontwerpbeginselen.

Maak een website

Uw website is uw online etalage, waar gasten meer te weten kunnen komen over uw bedrijf, producten en diensten. Uw website moet visueel aantrekkelijk zijn, gemakkelijk te navigeren en geoptimaliseerd voor zoekmachines.

Concentreer u bij het opzetten van uw website op de stoner-ervaring. Zorg ervoor dat uw website responsive en mobielvriendelijk is, zodat deze er op elk apparaat goed uitziet. Gebruik duidelijke en beknopte taal om uw bedrijf en de instortingen ervan te beschrijven, en voeg afbeeldingen en video's van hoge kwaliteit toe om uw producten of diensten onder de aandacht te brengen.

Beïnvloed sociale media

Het biedt een platform om contact te maken met gasten, contacten te leggen en uw bedrijf te promoten. Er zijn tal van sociale mediaplatforms om uit te kiezen, waaronder Facebook, Instagram, Twitter en LinkedIn.

Om social media effectief in te zetten, begin je met het definiëren van je social media strategie. Identificeer de platforms die het meest van toepassing zijn op uw bedrijf en volgers, en ontwikkel een contentstrategie die aansluit bij uw merkidentiteit en pretenties. Gebruik sociale media om in contact te komen met uw volgers, relevante inhoud te delen en uw producten of diensten te promoten.

Contentmarketing

Het proces van het produceren en verspreiden van bruikbare, materiële en harmonieuze inhoud om een doelgroep aan te trekken en te behouden. Inhoud kan blogposts, video's, woordplaten, whitepapers en andere soorten inhoud zijn die waarde toevoegen aan uw volgers.

Om contentmarketing effectief in te zetten, begint u met het opstellen van een contentplan dat aansluit bij de identiteit en pretenties van uw bedrijf. Identificeer de thema's die het meest van toepassing zijn op uw volgers en ontwikkel inhoud die voor hen waarde toevoegt. Deel uw inhoud via kleurrijke kanalen, waaronder sociale media, verzendmarketing en uw website.

Dispatch-marketing

Dispatchmarketing is een belangrijk hulpmiddel voor startups om contacten te leggen met gasten en hun bedrijf te promoten. Verzendingsmarketing omvat het overbrengen van promotionele e-mails naar een lijst met abonnees die hebben besloten uw e-mails te accepteren.

Om effectief met verzendmarketing te werken, begint u met het opstellen van uw verzendlijst. Dit kan door een hoofdattractie aan te bieden, zoals een gratis eBook of whitepaper, in ruil voor verzendadressen. Gebruik verzendmarketing om uw producten of diensten te promoten, waardevolle inhoud te delen en contacten te leggen met uw abonnees.

Influencer-marketing

Influencer-marketing houdt in dat u samenwerkt met influencers om uw producten of diensten te promoten. Influencers zijn personen met een grote aanhang op sociale media of andere platforms die kunnen helpen bij het promoten van uw bedrijf bij hun volgers.

Om effectief met influencermarketing te werken, begin je met het relateren van influencers die aansluiten bij je merkidentiteit en -waarden. Ontwikkel een strategie voor hoe je zult paren met influencers, of het nu via betuttelde inhoud is of andere soorten samenwerkingen.

Hunt Machine-optimalisatie (SEO)

Huntmachine-optimalisatie (SEO) is het proces van het optimaliseren van uw website en inhoud om geavanceerd te scoren in de zoekresultaten van zoekmachines (SERP's). Wanneer uw website geavanceerd lijkt in de jachtresultaten, kan dit meer klanten naar uw website leiden en uw zichtbaarheid en geloofwaardigheid vergroten.

Om effectief aan SEO te werken, begint u met het uitvoeren van trefwoordverkenning om de trefwoorden en uitdrukkingen te identificeren waarnaar uw beoogde volgers zoeken. Gebruik deze zoekwoorden in uw website-inhoud, inclusief uw titels, koppen en metabeschrijvingen. zorg ervoor dat uw website goed gestructureerd en gemakkelijk te navigeren is en dat deze vlot laadt.

Betaalde promotie

Betaalde reclame houdt in dat plutocraten worden uitgegeven om uw bedrijf aan te kondigen via verschillende platforms, waaronder jachtmachines, sociale media en display-aankondigingen. U kunt uw volgers vergroten en uw website-activiteiten vergroten door betaalde advertenties te gebruiken.

Start door uw advertentie-objecten te definiëren en de platforms te kiezen die het meest geschikt zijn voor uw volgers als u betaalde advertenties efficiënt wilt gebruiken. Produceer reclame-molochs die harmonieus zijn met de identiteit en objecten van uw merk, en dek ze ook af om uw advertentiebudget te maximaliseren.

Openbare aangelegenheden

Om uw bedrijf te verkopen en bekendheid te krijgen, houdt public relations (PR) in dat u contacten legt met inlichtingendiensten en mediakanalen. U kunt een groter aantal volgers bereiken en uw bekendheid en karakter verbeteren met behulp van PR.

Maak een medialijst met inlichtingendiensten en publicaties over kwesties die van toepassing zijn op uw bedrijf om PR succesvol te gaan gebruiken. Pitch uw verhaal aan inlichtingendiensten en mediakanalen terwijl u een PR-plan ontwikkelt dat harmonieert met de identiteit en doelstellingen van uw merk.

Affiliate-marketing

Het doel van verwijzingsmarketing is ervoor te zorgen dat gasten uw bedrijf aanbevelen bij hun musketiers en familie. Het opbouwen van verbindingen met uw consumenten en het genereren van nieuwe prospects kan beide worden vervuld door middel van verwijzingsmarketing.

Produceer een verwijzingsprogrammeur die uw gasten beloont voor het betrekken van hun musketiers en familie bij uw bedrijf om verwijzingsmarketing effectief te gebruiken. Dit kan worden gedaan door middel van kortingen, gratis producten of andere prijzen.

Tot slot, het verkopen van uw begin is cruciaal voor het creëren van een naam voor uzelf en een klantenkring. Door uw merkidentiteit te definiëren, een website op te zetten, sociale media te gebruiken, contentmarketing, verzendingsmarketing, influencermarketing, SEO, betaalde advertenties, PR en verwijzingsmarketing, kunt u uw bedrijf effectief promoten en groei voor uw vestiging stimuleren. Het is van cruciaal belang om een grondige marketingstrategie te ontwerpen die overeenkomt met uw merkidentiteit en pretenties en om uw marketingconditionering regelmatig te ontleden en te upgraden om ervoor te zorgen dat u uw beoogde volgers bereikt en resultaten voor uw vereniging produceert.

Hoofdstuk 12

Verkoopstrategieën: Deals sluiten en omzet laten groeien

Elke vereniging die deals wil sluiten en de winst wil vergroten, moet effectieve dealstijlen hebben. Effectieve dealstrategieën helpen bedrijven om contacten te leggen met hun gasten, hun vereisten en voorkeuren te begrijpen en resultaten te produceren die hun pijnpunten aanpakken. Dit bericht gaat over 10 manieren om de winst te vergroten en uw bedrijf te helpen deals te sluiten.

Kies een Target-volgersschap

De eerste stap bij het creëren van een succesvolle dealstrategie is bepalen wie uw beoogde klant is. Dit houdt in dat je je zorgen maakt over hun demografie, smaak, problemen en coping patronen. Als u uw doelverzoek begrijpt, kunt u resultaten produceren die hun voorwaarden en voorkeuren weerspiegelen, en uw dealstrategie aanpassen om de voordelen van uw goederen of diensten effectief over te brengen.

Creëer een sterke merkidentiteit

Een cruciaal onderdeel van de aanpak van elke deal is uw merkidentiteit. De persoonlijkheid, overtuigingen, berichtgeving en visuele identiteit van uw merk zijn allemaal inbegrepen. Vertrouwen opbouwen bij je gasten, je onderscheiden van de concurrentie en een gedenkwaardige en intrigerende klantervaring bieden, kan allemaal worden bereikt met een sterke merkidentiteit.

Ontwikkel je Deals-kanaal

Het systeem dat je gebruikt om impliciete gasten om te zetten in betalende botten staat bekend als uw deals-kanaal. Dit omvat het relateren van impliciete prospects, het koesteren van hen tijdens het dealproces en het sluiten van de deal. Om impliciete gasten efficiënt door het dealskanaal te loodsen, moet u de stadia van de klantreis begrijpen en uw strategie voor elke fase aanpassen.

Produceer obligaties met uw gasten

Zodat u klantrelaties kunt ontwikkelen en hun vertrouwen en trouw kunt verdienen.

Dit houdt in dat we goed letten op hun wensen en eisen, geacclimatiseerde resultaten geven en geweldige klantenservice bieden. U kunt het klantbehoud stimuleren en herhalingsaankopen stimuleren door een goede band met uw klanten op te bouwen.

Gebruik dealsmanieren als invloed

Om de waarde van uw goederen of diensten overtuigend over te brengen en deals te sluiten, kunnen verschillende strategieën worden gebruikt. Dit omvat het vermogen om moeizaam te horen, om te gaan met vermaningen en om te onderhandelen. U kunt mensen overtuigen van de waarde van uw goederen of diensten en deals sluiten door deze strategieën te leren.

Maak gebruik van technologie

Technologie heeft het potentieel om een krachtig instrument te zijn om deals te sluiten en winst te maken. Het gebruik van software voor klantrelatiebeheer (CRM) om klantgegevens te verwerken, dealprocessen te automatiseren en analyses te gebruiken om uw dealzweet te dekken en te verbeteren, zijn slechts enkele voorbeelden van hoe u dit kunt doen.

Voeg waarde toe door gebruik te maken van contentmarketing

Het creëren en verspreiden van instructiemateriaal dat uw doelgroep aanspreekt en merkbewustheid vergroot, staat bekend als contentmarketing. U kunt vertrouwen wekken bij uw gasten en uw merk vestigen als opinieleider in uw vakgebied door waarde toe te voegen aan uw inhoud.

Promoot en geef impulsen

Verhogingen en impulsen kunnen belangrijke strategieën zijn voor het toevoegen van deals en winst. Om gasten aan te moedigen een aankoop te doen, omvat dit onder andere het verstrekken van kortingen, kaartjes en speciale aanbiedingen. Door deze prijzen aan te bieden, kunt u de klanttrouw vergroten en herhalingsaankopen stimuleren.

Werk samen met anderen

Door samen te werken met bedrijven kunt u uw bereik vergroten en uw winst verhogen. Het gaat daarbij om het verenigen met bedrijven in uw branche of in aanverwante botten
om verpakte resultaten aan te bieden of elkaars goederen of diensten op de markt te brengen.

Voortdurende ontwikkeling

Het optimaliseren van uw dealstrategie en het bevorderen van bedrijfsgroei vereisen voortdurende verbetering. Dit houdt in dat u uw dealgegevens volgt en onderzoekt, experimenteert met nieuwe ideeën en stijlen, en voortdurend leert over en zich aanpast aan de wensen en eisen van uw gasten.

Effectieve tactieken voor het sluiten van deals zijn cruciaal voor het sluiten van deals en het toevoegen van inkomsten voor uw bedrijf. U kunt met succes deals genereren en de winst voor uw bedrijf vergroten door uw doelverzoek te bepalen, uw merkidentiteit te creëren, uw dealskanaal te creëren, verbindingen met uw gasten te cultiveren, dealsmanieren te gebruiken, technologie toe te passen, waarde te bieden door middel van contentmarketing, impulsen en verhogingen te leveren , samenwerken met vrienden en continu je dealstrategie perfectioneren. Om ervoor te zorgen dat u de grootst mogelijke winst genereert, is het essentieel om een grondige dealstrategie te hebben die in lijn is met de doelstellingen van uw bedrijf. Je moet ook regelmatig je zweten beoordelen en verbeteren.

Zet de klantervaring voorop

Om een blijvende band met je gasten op te bouwen, moet je een geweldige klantervaring bieden. Dit omvat het leveren van eersteklas klantenservice, het houden van uw woord en het maken van het aankoopproces eenvoudig en gemakkelijk. U kunt de klanttrouw vergroten en herhalingsaankopen stimuleren door sterk de nadruk te leggen op de klantervaring.

Stel haalbare objecten in

Om de prestaties van uw dealsplan succesvol te meten, moeten objectieve dealpretenties worden gesteld. Dit houdt in dat u zowel korte- als langetermijnpretenties opbouwt die in overeenstemming zijn met de doelstellingen van uw onderneming en uw succes daarbij opvolgt. U kunt uw voortgang efficiënt volgen en uw plan indien nodig wijzigen om er zeker van te zijn dat u op schema ligt om uw pretenties te onderhandelen door realistische pretenties in te stellen.

Besteed plutocrat aan training en groei

Het is mogelijk om ervoor te zorgen dat uw dealsteam over de capaciteiten en kennis beschikt die nodig zijn om uw goederen of diensten te verkopen en deals af te ronden door te investeren in hun training en ontwikkeling. Dit houdt in dat er openingen worden geboden voor ononderbroken training en coaching, maar ook voor professionele ontwikkeling en creatie. U kunt een goed presterend peloton samenstellen dat geschikt is om deals te stimuleren en de winst voor uw bedrijf te vergroten door te investeren in uw dealspersoneel.

Besteed plutocraten aan onderwijs en ontwikkeling

Door te investeren in hun training en ontwikkeling, kunt u ervoor zorgen dat uw dealspeloton over de karbonades en kennis beschikt die nodig zijn om uw producten of diensten te verkopen en deals te sluiten. Het bieden van kansen op doorlopende coaching en training alsook op loopbaanontwikkeling en -creatie valt onder deze opdracht. Door te investeren in uw dealsteam, kunt u een goed presterend peloton vormen dat deals kan stimuleren en de inkomsten voor uw bedrijf kan verhogen.

Voor elke vereniging om overeenkomsten te sluiten en de winst te vergroten, zijn effectieve dealstijlen cruciaal. Door je te concentreren op het relateren van je doelverzoek, het creëren van je merkidentiteit, het creëren van je dealskanaal, het cultiveren van connecties met je gasten, het oefenen van dealsmanieren, het oefenen van technologie, het leveren van waarde door middel van contentmarketing, het leveren van impulsen en verhogingen, het werken met partners, het continu perfectioneren van je deals strategie, concentreren op de klantervaring, redelijke pretenties stellen, investeren in training en ontwikkeling, het meten en toetsen van uw resultaten, enzovoort, u kunt uw deals verhogen. Om te garanderen dat u duurzame groei bevordert, is het cruciaal om een grondig dealplan te hebben dat in lijn is met de doelstellingen van uw bedrijf. Je moet ook regelmatig je deals inschatten en optimaliseren.

Hoofdstuk 13

Uw bedrijf opschalen: navigeren door groei en expansie

Voor ondernemers kan het overspannen van een vestiging zowel een instigatief als een delicaat moment zijn. De komende fase, voorheen een lancering, is om het te laten groeien door nieuwe verzoeken in te voeren, deals te stimuleren en de functionele effectiviteit te perfectioneren. Maar om ervoor te zorgen dat de groei economisch en duurzaam is, vereist het laten groeien van een vestiging een strikte planning en vervolging. De tactieken voor het laten groeien van uw bedrijf en het navigeren door groei en uitbreiding worden in dit bericht behandeld.

Bepaal de doelstellingen en visie van uw bedrijf.

Het is van cruciaal belang om de doelstellingen en visie van uw bedrijf goed te begrijpen voordat u deze peilt. Dit houdt in dat u uw beoogde volgerspubliek moet uitzoeken, uw rivalen moet onderzoeken en een voorstel voor de waarde van de naam moet ontwikkelen. Uw vermogen om een groeistrategie te produceren die gericht en productief is en tegelijkertijd in lijn is met uw algemene visie, hangt af van uw vermogen om uw zakelijke doelstellingen gemakkelijk te begrijpen.

Produceer een belangrijk peloton

Om uw etablissement te overspannen, moet u een solide peloton opstellen. Het aannemen van briljante mensen die uw visie en waarden delen, hen de tools en ondersteuning geven die ze nodig hebben om te gedijen, en het cultiveren van een innovatieve werkomgeving zijn allemaal voorbeelden hiervan. U kunt de geaggregeerde kennis van uw personeel gebruiken om groei en expansie te stimuleren door een bekwaam peloton samen te stellen.

Stel uw zakelijke procedures samen

U moet effectieve en succesvolle processen invoeren als u uw vestiging wilt laten groeien. Dit omvat het stroomlijnen van uw bedrijfsprocedures, het automatiseren ervan wanneer u kunt, en het continu perfectioneren van uw workflow. U kunt uw bedrijf een boost geven, kosten besparen en de algemene kwaliteit van uw goederen of diensten verhogen door uw bedrijfsprocedures te perfectioneren.

Gebruik technologie

Technologie heeft het potentieel om een krachtig instrument te zijn om uw bedrijf te laten groeien. Dit omvat het gebruik van technologieën en tools om de bedrijfsvoering te stroomlijnen, de productiviteit te verhogen en de klanttevredenheid te verbeteren. U kunt bijvoorbeeld sociale-mediaplatforms gebruiken om met gasten te communiceren en uw merk te promoten, terwijl een klantrelatiebeheersysteem (CRM) u kan helpen bij het beheren van klantrelaties en dealgegevens.

Vergroot de markt die u bedient

Een van de belangrijkste tactieken om uw bedrijf te laten groeien, is het vergroten van uw aanvraagbereik. Dit omvat het kiezen van nieuwe verzoeken of onderdelen van verzoeken waarop u zich wilt richten, het creëren van nieuwe goederen of diensten om die consumenten te voeden en het uitbreiden van uw distributienetwerken. U kunt uw klantenbestand laten groeien, meer winst maken en uw bedrijf diversifiëren door uw aanvraagbereik uit te breiden.

Zet strategische allianties op

Het creëren van strategische allianties kan u helpen uw bedrijf te laten groeien en efficiënt aan nieuwe verzoeken te voldoen. Dit houdt in dat u zich verenigt met verenigingen of bedrijven die wederkerig zijn met de uwe, maar toch analoge pretenties en waarden hebben. Je kunt nieuwe schatkisten doorboren, opmerkzame informatie toegeven en putten uit de karbonades van je vrienden om de groei te versnellen door samen te werken met andere bedrijven.

Hef plutocrat op

Om je vestiging te peilen, heb je constant meer plutocraten nodig om ontwikkeling en expansie te ondersteunen. Dit omvat het adopteren van plutocraten, het uitgeven van aandelen en het lenen van financiering van investeerders of fiscale verenigingen. U kunt uw marketingonderneming laten groeien, nieuwe goederen, diensten of technologieën kopen, uw vermogen om te opereren vergroten en meer door financiën op te halen.

Observeer en verander je aanpak

Het is belangrijk om uw plan continu te herzien en aan te passen terwijl u uw bedrijf laat groeien. Om uw winst te maximaliseren, moet u cruciale prestatie-indicatoren (KPI's) bijhouden, zoals winstgroei, klantacquisitiekosten en klantbehoudpercentages. U kunt ervoor zorgen dat uw bedrijf op een duurzame en economische manier groeit door de prestaties regelmatig te volgen en uw plan aan te passen.

Om ervoor te zorgen dat de groei economisch en duurzaam is, vereist het overspannen van een vestiging een strikte planning en vervolging. U kunt met succes door groei en expansie navigeren en uw bedrijf peilen door uw zakelijke pretenties en visie te definiëren, een solide peloton samen te stellen, uw bedrijfsprocessen te ontwikkelen, technologie uit te oefenen, uw aanvraagbereik uit te breiden, strategische verbindingen te vormen, kapitaal aan te trekken en uw strategie te schaduwen en aan te passen . Om ervoor te zorgen dat u duurzame groei voor uw bedrijf bevordert, is het van cruciaal belang om uw pretenties in gedachten te houden, uw vooruitgang te ontleden en uw stijlen voortdurend te verbeteren.

Hoofdstuk 14

Veel voorkomende ondernemersvalkuilen vermijden

De ondernemersreis is spannend en vol kansen en moeilijkheden. Zelfs de meest doorgewinterde ondernemers kunnen misrekeningen maken vanwege de vele valkuilen van ijver, ondanks de mogelijkheid van enorme voordelen. In deze samenstelling zullen we het hebben over enkele typische zakelijke problemen en hoe deze op te lossen.

Focus problemen

Gebrek aan aandacht is een van de meest typische zakelijke misrekeningen. Dit kan op verschillende manieren voorkomen, vergelijkbaar met het tegelijkertijd proberen om te veel zakelijke ideeën te onderzoeken of het verkeerd prioriteren van klusjes. Het is van cruciaal belang om prioriteit te geven aan uw pretenties en objecten en een duidelijke visie te hebben voor uw bedrijf om aan deze valkuil te ontsnappen. Stel een strategisch plan op waarin de pretenties van uw bedrijf worden uitgelegd en de acties die u moet ondernemen om daarover te onderhandelen. Delegeer of besteed taken uit die niet essentieel zijn voor uw kernactiviteiten, zodat u zich kunt concentreren op de botten

Dat heeft de meeste invloed op uw bedrijf.

Kan het verzoek niet bevestigen

Het niet valideren van het verzoek is een andere veel voorkomende boob

Veel ondernemers hebben briljante ideeën, maar verzuimen vaak om die ideeën te testen met feitelijke gasten. Het is van cruciaal belang om verzoekonderzoek uit te voeren voordat u uw vestiging start om het verzoek van uw doelwit, hun eisen en hun bereidheid om voor uw goederen of diensten te betalen, te begrijpen. Dit kan u helpen bij het aanscherpen van uw bedrijfsconcept, het opsporen van potentiële rivalen en het opstellen van een marketingplan dat uw doelgroep aanspreekt.

Verlegen fiscale operatie

Een andere typische ondernemersval is een slechte plutocratische operatie. Het is van cruciaal belang om een goede fiscale administratie bij te houden en uw inkomsten en kosten zorgvuldig in de gaten te houden. Stel een fiscale strategie op met details over uw uitgavenplan, kasinstroomprognoses en winstdoelstellingen. Om u te helpen uw financiën te beheren en verstandige fiscale beslissingen te nemen, kunt u overwegen om samen te werken met een accountant of fiscaal adviseur.

Gebrek aan veerkracht

Er zijn tal van ups en downs op de ondernemersreis. Als u een succesvolle ondernemer wilt zijn, is aanpassingsvermogen en het vermogen om te herstellen van mislukkingen van cruciaal belang. Wanneer ze moeilijkheden of mislukkingen trotseren, verliezen veel ondernemers de provocatie. Concentreer u op het ontwikkelen van aanpassingsvermogen en een groeistation om te voorkomen dat u in deze valkuil stapt. Blijf geloven in je ding voor je bedrijf en geef toe dat mislukkingen kansen zijn om te groeien.

Een gebrek aan tijd operatie

Voor ondernemers die productief willen zijn en willen slagen, zijn tijdmanagementvaardigheden cruciaal. Veel ondernemers hebben moeite met het beheren van hun tijd omdat ze te veel taken tegelijk proberen te doen. Geef prioriteit aan uw taken en beheer uw tijd goed om deze valkuil te vermijden. Om u te helpen op schema te blijven en uw werklast met succes te beheren, kunt u overwegen productiviteitstools te gebruiken, zoals time-shadowing operations of ontwerpbewerkingssoftware.

Gebrek aan delegatie

Talrijke zakelijke bezitters maken de fout om alles zelf te proberen af te handelen. Het delegeren van verplichtingen aan anderen is net zo belangrijk als actief en betrokken zijn bij uw bedrijf. Door taken aan anderen toe te wijzen, kunt u de productiviteit verhogen, u concentreren op uw primaire taken in de fabriek en mensen aanmoedigen om nieuwe dingen te leren en verantwoordelijkheid te nemen voor hun werk. Om uw werklast te beheersen en uw vestiging uit te breiden, kunt u denken aan het toevoegen van personeel, het uitbesteden van werk of het werken met freelancers.

Niet aanpasbaar zijn

Ondernemers die willen slagen in een continu veranderend bedrijfsterrein moeten zich kunnen aanpassen. Talrijke zakelijke bezitters raken vastgeroest in hun gewoonten en zijn niet in staat om met de tijd mee te gaan of te reageren op verzoeken om wijzigingen. Blijf op de hoogte van verzoekbewegingen en wees bereid om uw bedrijfsplan indien nodig te wijzigen om deze valkuil te vermijden. Om uw bedrijf uit te breiden, moet u openstaan voor nieuwe algemeenheden en bedreigingsnemers.

Kortom, ondernemer zijn is een delicate weg die vraagt om doorzettingsvermogen, moeite en trouw. Het vermijden van typische misrekeningen, waaronder gebrek aan aandacht, het niet valideren van het verzoek, slechte fiscale operatie, een gebrek aan aanpassingsvermogen, tijdverdrijf, niet delegeren en een gebrek aan aanpassing zijn cruciaal voor succes als ondernemer.

Hoofdstuk 15

Uw financiën beheren: budgettering, prognoses en cashflow

De ondernemersreis is spannend en vol kansen en moeilijkheden. Zelfs de meest doorgewinterde ondernemers kunnen misrekeningen maken vanwege de vele valkuilen van ijver, ondanks de mogelijkheid van enorme voordelen. In deze samenstelling zullen we het hebben over enkele typische zakelijke problemen en hoe deze op te lossen.

Focus problemen

Gebrek aan aandacht is een van de meest typische zakelijke misrekeningen. Dit kan op verschillende manieren voorkomen, vergelijkbaar met het tegelijkertijd proberen om te veel zakelijke ideeën te onderzoeken of het verkeerd prioriteren van klusjes. Het is van cruciaal belang om prioriteit te geven aan uw pretenties en objecten en een duidelijke visie te hebben voor uw bedrijf om aan deze valkuil te ontsnappen. Stel een strategisch plan op waarin de pretenties van uw bedrijf worden uitgelegd en de acties die u moet ondernemen om daarover te onderhandelen. Concentreer u op de taken die de grootste impact hebben op uw bedrijf en delegeer of besteed taken uit die niet essentieel zijn voor uw kernactiviteiten.

Kan het verzoek niet bevestigen

Het niet valideren van het verzoek is een andere veel voorkomende boob

Veel ondernemers hebben briljante ideeën, maar verzuimen vaak om die ideeën te testen met feitelijke gasten. Het is van cruciaal belang om verzoekonderzoek uit te voeren voordat u uw vestiging start om het verzoek van uw doelwit, hun eisen en hun bereidheid om voor uw goederen of diensten te betalen, te begrijpen. Dit kan u helpen bij het aanscherpen van uw bedrijfsconcept, het opsporen van potentiële rivalen en het opstellen van een marketingplan dat uw doelgroep aanspreekt.

Verlegen fiscale operatie

Een andere typische ondernemersval is een slechte plutocratische operatie. Het is van cruciaal belang om een goede fiscale administratie bij te houden en uw inkomsten en kosten zorgvuldig in de gaten te houden. Stel een fiscale strategie op met details over uw uitgavenplan, kasinstroomprognoses en winstdoelstellingen. Om u te helpen uw financiën te beheren en verstandige fiscale beslissingen te nemen, kunt u overwegen om samen te werken met een accountant of fiscaal adviseur.

Niet flexibel zijn
De reis van het ondernemerschap is beladen met ups en downs. Flexibel zijn en in staat zijn om te herstellen van fouten zijn cruciale vaardigheden voor ondernemers. Wanneer ze worden geconfronteerd met uitdagingen of tegenslagen, verliezen veel ondernemers de provocatie. Concentreer u op het hebben van een groeimindset en structureer aanpassingsvermogen om te voorkomen dat u in deze valkuil stapt. Dat betekent dat fouten openingen zijn om te groeien en te leren en om de visie van uw bedrijf te behouden.

Een gebrek aan tijd operatie
Voor ondernemers die productief willen zijn en willen slagen, zijn tijdmanagementvaardigheden cruciaal. Veel ondernemers hebben moeite met het beheren van hun tijd omdat ze te veel

taken tegelijk proberen te doen. Geef prioriteit aan uw taken en beheer uw tijd goed om deze valkuil te vermijden. Om u te helpen op schema te blijven en uw werklast met succes te beheren, kunt u overwegen productiviteitstools te gebruiken, zoals time-shadowing operations of ontwerpbewerkingssoftware.

Gebrek aan delegatie

Veel ondernemers maken de fout om alles zelf te willen regelen. Het delegeren van verplichtingen aan anderen is net zo belangrijk als actief en betrokken zijn bij uw bedrijf. Door taken aan anderen toe te wijzen, kunt u de productiviteit verhogen, u concentreren op uw primaire taken in de fabriek en mensen aanmoedigen om nieuwe vaardigheden te leren en verantwoordelijkheid te nemen voor hun werk. Om uw werklast te beheersen en uw vestiging uit te breiden, kunt u denken aan het toevoegen van personeel, het uitbesteden van werk of het werken met freelancers.

Niet aanpasbaar zijn

Ondernemers die willen slagen in een continu veranderend bedrijfsterrein moeten zich kunnen aanpassen. Veel ondernemers raken vastgeroest in hun gewoonten en zijn niet in staat om met de tijd mee te gaan of te reageren op verzoeken om verandering. Blijf op de hoogte van verzoekbewegingen en wees bereid om uw bedrijfsplan indien nodig te wijzigen om deze valkuil te vermijden. Om uw bedrijf uit te breiden, moet u openstaan voor nieuwe algemeenheden en bedreigingsnemers.

Kortom, ondernemer zijn is een delicate weg die vraagt om doorzettingsvermogen, hard werken en trouw. Het vermijden van typische misrekeningen, waaronder gebrek aan aandacht, het niet valideren van het verzoek, een slechte fiscale operatie, een gebrek aan aanpassingsvermogen, tijdverdrijf, niet delegeren en een gebrek aan aanpassing, is cruciaal voor succes als ondernemer.

Hoofdstuk 16

Effectief tijdbeheer: Prioriteiten stellen en taken delegeren

Ondernemers en bedrijfsleiders moeten fulltime bestuurders zijn. Het kan delicaat zijn om uw tijd met succes te beheren en uw professionele pretenties te onderhandelen wanneer u aan zoveel taken en verplichtingen moet voldoen. In dit bericht onderzoeken we het belang van het stellen van prioriteiten en het toewijzen van taken aan anderen als essentiële tactieken voor effectief tijdbeheer.

Taken op orde brengen

Het stellen van prioriteiten voor werk is een van de belangrijkste factoren in effectief tijdmanagement. U kunt zich concentreren op de belangrijkste scores en uw tijd en middelen dienovereenkomstig besteden door prioriteit te geven aan uw taken. Dan volgen enkele tips om voorrang te geven aan uw taken.

Kies uw belangrijkste taken Begin met het kiezen van de taken die het belangrijkst zijn voor het bereiken van uw bedrijfsdoelstellingen. Dit kunnen conditioneringen zijn die het klantgeluk vergroten, nieuwe gasten aantrekken of winst opleveren.

Als je eenmaal hebt bepaald welke taken het belangrijkst zijn, rangschik ze dan op basis van belangrijkheid. Houd rekening met de tijd en middelen die nodig zijn om elke taak uit te voeren, en met de invloed die dit kan hebben op de doelstellingen van uw bedrijf.

Deadlines instellen Nadat u uw taken hebt geprioriteerd; geef elk een specifieke deadline. Dit zorgt ervoor dat u verantwoordelijk en geconcentreerd blijft terwijl u doorgaat met uw belangrijkste taken.

Last but not least, plan uw taken zo dat u uw tijd en geld zo efficiënt mogelijk kunt gebruiken. Houd bij het plannen van taken rekening met uw energiesituaties en werkstijl, en neem pauzes en rust in om instorting te voorkomen.

Taken aan anderen geven

Een andere essentiële manier voor een effectieve tijdoperatie is delegeren. U kunt tijd vrijmaken en u concentreren op uw belangrijkste scores door taken aan anderen toe te wijzen. Dan zijn enkele tips voor het effectief toewijzen van taken

Taken kiezen om toe te wijzen Begin met het kiezen van taken die aan anderen kunnen worden toegewezen. Dit kunnen werk zijn dat buiten uw moxie-gebied ligt, tijdrovende maar onbelangrijke klussen of effecten die effectiever door anderen kunnen worden uitgevoerd.

Zodra u hebt besloten welke taken u wilt toewijzen, kiest u de toepasselijke personen om ze toe te laten. Kies de pelotonleden of werknemers die het meest geschikt zijn om elke opdracht over te nemen, rekening houdend met hun werklast, ervaring en vaardigheden.

Specifieke aanwijzingen geven bij het toewijzen van taken; specifieke aanwijzingen geven over wat er moet gebeuren, hoe het moet worden gedaan en eventuele toepasselijke deadlines of regels. Dit garandeert dat het werk effectief en gedwee wordt gedaan.

Bepaal uiteindelijk de precieze vooruitzichten voor de opdracht en de voltooiing ervan. Dit kunnen vervaldata, kwaliteitscriteria en andere materiële informatie zijn. U kunt garanderen dat de opdracht naar uw tevredenheid wordt afgerond en misvattingen of miscommunicaties voorkomen door duidelijke prospects te stellen.

Voordelen van voorrang instellen en delegeren

Het stellen van voorrang en het toewijzen van taken aan anderen zijn cruciale manieren om tijd te besteden aan zaken die tal van voordelen hebben voor zakelijke bezitters en directeuren. Een groot aantal voordelen van prioriteren en delegeren zijn de volgende

Verhoogde productiviteit U kunt uw productiviteit verhogen en meer onderhandelen in minder tijd door u te concentreren op uw belangrijkste conditioneringen en andere verplichtingen toe te wijzen.

Verminderde stress en burn-out Door te voorkomen dat u overbelast raakt door uw werklast, kunt u door taken te prioriteren en verplichtingen toe te wijzen, stress verminderen en instorten.

Meer besluitvorming Door voorrang te geven en taken aan anderen toe te wijzen, kunt u hersenruimte vrijmaken en u concentreren op belangrijke besluitvormingstaken, waaronder het bedenken van bedrijfsstrategieën of het introduceren van nieuwe gasten.

Verhoogde handbetrokkenheid Door uw pelotonleden de kans te bieden nieuwe uitdagingen en verplichtingen aan te gaan, kan het delegeren van taken helpen de handbetrokkenheid te vergroten.

Verhoogde flexibiliteit U kunt uw rigiditeit en inflexibiliteit, die nodig zijn voor het omgaan met wisselende verzoekomstandigheden, vergroten door taken te delegeren en uw werklast te prioriteren. Effectieve tijdsbesteding door het stellen van prioriteiten en het delegeren van verantwoordelijkheden kan ook van invloed zijn op betere communicatie, een betere balans tussen werk en privéleven en verbeterde winstgevendheid naast de hierboven genoemde voordelen.

Communicatie verbeteren

U kunt de communicatie binnen uw peloton of vereniging verbeteren door voorrang te geven en taken toe te wijzen. Om ervoor te zorgen dat iedereen op dezelfde loper zit en dezelfde pretenties nastreeft, is duidelijke communicatie essentieel. Door werk te prioriteren en taken toe te wijzen, kunt u effectiever communiceren met uw pelotonleden, door duidelijke instructies en feedback te geven om ervoor te zorgen dat taken snel en nauwkeurig worden voltooid.

Geavanceerde balans tussen werk en privéleven

Een betere balans tussen werk en privéleven kan ook van invloed zijn op effectieve manieren van tijdsbesteding, zoals het stellen van prioriteiten en het delegeren van verantwoordelijkheden. U kunt uzelf en uw specifieke leven meer tijd geven door u te concentreren op uw belangrijkste taken en anderen toe te wijzen. U kunt een ineenstorting voorkomen, uw innerlijke welzijn verbeteren en daardoor productiever worden in zowel uw werk als uw persoonlijke leven.

Geavanceerde winstgevendheid

Verhoogde winstgevendheid kan ook worden bereikt door effectieve manieren van tijdsbesteding, zoals het prioriteren van werk en het toewijzen van taken aan anderen. U kunt ervoor zorgen dat uw bedrijf gemakkelijk en efficiënt draait door u te concentreren op uw belangrijkste taken en andere taken toe te wijzen. Dit kan leiden tot kostenverlaging, kostenverlaging en verbetering van de

klanttevredenheid, die allemaal kunnen leiden tot geavanceerde winstgevendheid.
Problemen met prioriteiten stellen en delegeren
Hoewel het stellen van voorrang en het toewijzen van taken aan anderen verschillende voordelen kan hebben, zijn er bepaalde nadelen waarmee rekening moet worden gehouden. Dan zijn er veel typische moeilijkheden en resultaten
Vertrouwen Als u geen volledig vertrouwen heeft in uw pelotonsleden of arbeiders, kan het delicaat zijn om taken te delegeren. Om dit te omzeilen, stel je voor dat je training of ondersteuning aanbiedt om je pelotonsleden de capaciteiten en toonvastheid te geven die ze nodig hebben om de opdracht tot een goed einde te brengen.
Micromanagement het delegeren van werk kan delicaat zijn als u gewend bent direct betrokken te zijn bij elk onderdeel van uw vereniging. Stel vooraf duidelijke vooruitzichten en regels vast, bied regelmatig feedback en ondersteuning om ervoor te zorgen dat de opdracht naar tevredenheid wordt uitgevoerd en voorkom micromanagen.
Tijdsbeperkingen Het kan delicaat zijn om taken goed te prioriteren als u een korte

deadline of veel geld hebt. Om dit te omzeilen, stel je voor dat je grotere conditioneringen verdeelt in lagere, gemakkelijker te beheren brokken en je tijd en geld gedwee catalogiseert.

Weerstand tegen verandering Het delegeren van verplichtingen kan een grote verandering zijn als u gewend bent alles zelf te doen. Begin klein en wijs geleidelijk taken toe om de weerstand tegen verandering te overwinnen. Dit stelt u in staat om de vertrouwenspositie van uw peloton te vergroten en het delegeren van taken voor u gemakkelijker te maken.

Conclusie

Ondernemers en bedrijfsleiders moeten prioriteit geven aan conditionering en taken toewijzen aan anderen om hun tijd effectief te beheren. U kunt uw productiviteit verhogen, stress en instorting verminderen en uw vermogen om meningen te vormen vergroten door uw belangrijkste taken de hoogste prioriteit te geven en andere taken toe te wijzen. De voordelen van prioriteiten stellen en delegeren maken het een cruciale vaardigheid voor elke ondernemer of bedrijfsleider om te verwerven, ondanks de moeilijkheden die zich kunnen voordoen. U kunt uw tijd en geld zo goed mogelijk benutten, onderhandelen over uw professionele doelen en uw bedrijf naar succes leiden door deze manieren in de praktijk te brengen.

Hoofdstuk 17

Evenwicht tussen werk en privéleven: uw gezondheid en relaties onderhouden

Ondernemers en bedrijfsleiders moeten een gezond evenwicht vinden tussen hun persoonlijke en professionele leven. Het kan delicaat zijn om een balans te vinden tussen de eisen van werk en een bepaald leven, maar dit is cruciaal voor succes op de lange termijn, een gezond leven en solide verbindingen. Dit essay onderzoekt het belang van de balans tussen werk en privéleven en geeft enkele tips om deze te behouden.

De behoefte aan balans tussen werk en privéleven

De balans tussen werk en privéleven is om verschillende redenen cruciaal, waaronder

Geestelijke gezondheid Het is cruciaal voor uw interne gezondheid om een gezond evenwicht tussen werk en privéleven te behouden. Stress, angst en instorting kunnen het gevolg zijn van het overschrijden of verwaarlozen van uw specifieke leven. Het is cruciaal om jezelf de ruimte te geven om te ontspannen en te verjongen.

Uw lichamelijke gezondheid kan worden aangetast door een slechte balans tussen werk en privéleven. Overstappen kan vermoeidheid, gebrek aan slaap en andere gezondheidsproblemen veroorzaken. U kunt een goede lichamelijke gezondheid behouden door tijd vrij te maken voor lichaamsbeweging, een voedzaam dieet en goede voeding.

Verbindingen Het tot stand brengen en onderhouden van solide verbindingen vereist een goede balans tussen werk en privéleven. Als u uw specifieke leven verwaarloost, kan dit uw band met uw familie en musketiers schaden en u het gevoel geven dat u alleen bent.

De productiviteit kan toenemen door een gezonde balans tussen werk en privéleven te behouden, en dat brengt ons bij ons laatste punt. U kunt verdere taken in minder tijd voltooien als u goed uitgerust, gesterkt en geconcentreerd bent. Op de lange termijn kunnen voor jezelf zorgen en pauzes nemen je productiviteit verhogen.

Stijlen voor het behouden van de balans tussen werk en privéleven

Hoewel het handhaven van een evenwicht tussen werk en privéleven delicaat kan zijn, zijn er verschillende stijlen die u kunt gebruiken. Dan zijn er veel adviezen

Geef prioriteit aan uw tijd Prioriteit geven aan uw tijd is een van de belangrijkste dingen die u kunt doen om een gezond evenwicht tussen werk en privéleven te behouden. Concentreer u op het werk op de belangrijkste taken en plan tijd voor uw specifieke leven. Blokkeer tijd voor jezelf in je rooster, net zoals je zou doen voor klusjes die verband houden met je baan.

Stel een grens vast, het stellen van grenzen tussen uw privéleven en uw professionele leven is omgekeerd cruciaal. Gebruik geen bepaalde tijd om zakelijke e-mails te checken of zakelijke telefoontjes te beantwoorden. Wees transparant in uw communicatie met uw peloton en personeel over uw leegstand en afwezigheden.

Taken delegeren U kunt tijd vrijmaken voor uw specifieke leven door taken toe te wijzen aan teamleden of werknemers. Werk samen met je peloton om taken te identificeren die kunnen worden toegewezen, en zorg er ook voor dat ze over de kennis en hulpmiddelen beschikken die nodig zijn om ze naar behoren uit te voeren.

Neem pauzes Door regelmatig pauzes te nemen, kunt u de hele dag door nieuwe energie opdoen en gefocust blijven. Maak een wandeling, drink een kopje koffie of breng wat tijd door met diepgaande studie of contemplatie. Door deze pauzes te nemen, kunt u uw aandacht verfrissen en herwinnen.

Oefen toonzorg Om een gezonde balans tussen werk en privéleven te behouden, moet je toonzorg oefenen. Lichaamsbeweging, een uitgebalanceerd dieet en stressverlichtende praktijken zoals yoga of contemplatie kunnen allemaal onder deze volgorde vallen. Vergeet niet voor jezelf te zorgen en je bezig te houden met plezierige conditionering.

Figuur solide banden om een evenwicht tussen werk en privéleven te behouden, hangt af van het hebben van solide banden met familie en musketiers. Maak tijd vrij voor sociale conditionering en een poging om verbindingen te onderhouden met de individualiteiten die belangrijk zijn in je leven.

Nee zeggen is een cruciale vaardigheid voor het creëren van een gezonde balans tussen werk en privéleven. Het is respectabel om verdere taken of systemen af te wijzen als u zich overbelast voelt of als u geen tijd zult hebben om ze te voltooien. Zet de belangrijkste taken voorop en wijs ook de andere toe.

Conclusie

Bedrijfsleiders en ondernemers moeten een balans tussen werk en privéleven behouden. Het is cruciaal voor uw verbindingen, productiviteit en interne en fysieke hartelijkheid. U kunt een gezond evenwicht tussen werk en privéleven en succes op de lange termijn bereiken, zowel in uw privé- als in uw professionele leven, door prioriteit te geven aan uw tijd, grenzen te stellen, verplichtingen te delegeren, pauzes te nemen, toonzorg te oefenen, sterke banden te ontwikkelen en nee te leren zeggen.

Stel realistische pretenties op Een andere cruciale tactiek om het evenwicht tussen werk en privéleven te behouden, is het stellen van realistische pretenties. Zorg ervoor dat u rekening houdt met zowel uw persoonlijke als professionele leven terwijl u pretenties maakt. Bepaal wat voor u het belangrijkst is, en zorg ervoor dat u tijd vrijmaakt voor die voorrang.

Technologie kan u helpen uw werk-privébalans te beheren, maar het kan ook een afleiding zijn. Gebruik technologie verstandig om dit te voorkomen. Stel schermtijdbeperkingen in en refrein van het bekijken van werkgerelateerde e-mails of berichten in uw vrije tijd om goed gebruik te maken van technologie.

Genoeg slaap krijgen is cruciaal voor het behouden van een gezonde balans tussen werk en privéleven. Vermoeidheid, slechte productiviteit en andere gezondheidsproblemen kunnen invloed hebben op onvoldoende slaap. Probeer elke nacht minstens 7-8 uur te slapen om verfrist en energiek te blijven.

Regelmatig pauzes nemen Om een gezonde balans tussen werk en privéleven te behouden, moet u regelmatig pauzes nemen. Bij het starten van een nieuw bedrijf kan het inderdaad verleidelijk zijn om continu te werken, maar pauzes nemen is essentieel om weer op te laden en instorting te voorkomen. Plan regelmatig pauzes en gebruik ze om los te komen van het werk en je te concentreren op je specifieke leven.

Uiteindelijk kan het vragen om steun van anderen u helpen een gezond evenwicht tussen werk en privéleven te behouden. Bespreek uw problemen met een familielid of een vertrouwde vriend, of stel dat u overweegt om een trainer of therapeut in te schakelen. Terwijl u de moeilijkheden van uw werk en uw leven beheert, kunnen zij u steun en richting geven.

Kortom, bedrijfsleiders en ondernemers moeten een gezonde balans tussen werk en privé behouden. U kunt een gezond evenwicht tussen werk en privéleven en succes op de lange termijn bereiken, zowel in uw privéleven als in uw professionele leven, door uw tijd te prioriteren, grenzen te stellen, taken te delegeren, pauzes te nemen, toonzorg te oefenen, sterke verbindingen te ontwikkelen, realistische pretenties te stellen, technologie te gebruiken verstandig genoeg slapen, vakantie nemen

Tijd en steun zoeken. Het is cruciaal om in gedachten te houden dat het veranderen van de balans tussen werk en privéleven een proces is dat voortdurend moet worden herzien, aangezien uw prioriteit als persoon en als werknemer in de loop van de tijd verandert. Maar het is mogelijk om met de juiste tactieken en steun een bevredigend en langdurig evenwicht te vinden tussen werk en privéleven.

Hoofdstuk 18

Teruggeven: Maatschappelijk Verantwoord Ondernemen en Filantropie

Filantropie en commercieel maatschappelijk verantwoord ondernemen (MVO) zijn belangrijke factoren bij het zakendoen in de ultramoderne wereld. Bedrijven kunnen een heilzame invloed hebben op hun gemeenschappen, merktrouw ontwikkelen en toptalent aantrekken door prioriteit te geven aan teruggeven aan de samenleving en het terrein. Deze compositie zal de voordelen van filantropie en commerciële sociale verantwoordelijkheid benadrukken, evenals kleurrijke stijlen om deze ideeën in uw bedrijf te versterken.

Positieve goederen van filantropie en commerciële maatschappelijke verantwoordelijkheid karakterverbetering iemands karakter verbeteren is een van de belangrijkste voordelen van MVO en filantropie. Bedrijven kunnen het vertrouwen en de loyaliteit van klanten, werknemers en belanghebbenden vergroten door terug te geven aan hun gemeenschappen. Bedrijven kunnen zich onderscheiden van rivalen en een gunstig merkimago creëren door blijk te geven van hun betrokkenheid bij sociale en milieukwesties.

Verbeterde werknemersbetrokkenheid Verbeterde handbetrokkenheid is een voordeel van commerciële sociale verantwoordelijkheid en filantropie. Studies hebben aangetoond dat wanneer mensen werken voor een instelling die sociale en milieukwesties hoog in het vaandel heeft staan, ze eerder betrokken en gemotiveerd zijn. Bedrijven kunnen hun werknemers een gevoel van richting en betekenis geven door MVO en liefdadigheid te integreren in hun verkoopbare praktijken.

Klantentrouw neemt toe Bedrijven die MVO en liefdadigheid hoog in het vaandel hebben staan, kunnen de klantloyaliteit vergroten. Bedrijven die hun overtuigingen delen en een heilzame impact hebben op de samenleving en het terrein, geven eerder toe dat ze klanten ondersteunen. Bedrijven kunnen duurzame verbindingen met hun gasten aangaan door hun waarden af te stemmen op die van hun doelgroep.

Bedrijven die MVO en filantropie hoog in het vaandel hebben staan, trekken ook eerder uitstekende arbeidskrachten aan. Werknemers zijn meer geneigd om voor een vereniging te willen werken die prioriteit geeft aan sociale en milieukwesties en pretenties heeft die verder gaan dan fiscaal succes. Bedrijven kunnen toptalent behouden en behouden door MVO en liefdadigheid te integreren in hun verhandelbare praktijken.

Manieren om MVO en filantropie te integreren voor uw bedrijf

Identificeer uw waarden Het kiezen van uw waarden is de eerste stap in het integreren van MVO en liefdadigheid in uw bedrijf. Welke milieu- en sociale kwesties zijn belangrijk voor u en uw bedrijf? Als je eenmaal je waarden hebt bepaald, kun je beginnen met het opstellen van een actieplan om deze problemen aan te pakken.

Een geweldige manier om iets terug te doen voor uw gemeenschap en een positieve impact te hebben, is door u te verenigen met non-profitorganisaties.

Zoek naar ngo's waarvan de pretenties en waarden analoog zijn aan die van jou, en stel je voor hoe jullie samen kunnen werken aan bepaalde systemen of evenementen. U kunt ook denken aan het geven van een deel van uw inkomsten aan een goed doel waarin u gelooft.

Vrijwilligerswerk in uw gemeenschap Iets teruggeven aan uw gemeenschap en er een positieve invloed op hebben, zijn beide mogelijk door middel van vrijwilligerswerk. Moedig uw personeel aan om deel te nemen aan openingen van openbare diensten of originele non-profitdiensten, en denk na over het plannen van bedrijfsbrede heffingsdagen.

Verminder uw ecologische voetafdruk Een ander cruciaal element van MVO is het integreren van duurzame bedrijfspraktijken. Zoek naar maatregelen om uw impact op het terrein te verminderen, vergelijkbaar met het afdwingen van groene transportregels Minder afval en gebruik van hernieuwbare energiebronnen.

Ondersteuning van diversiteit en toevoeging Een ander cruciaal element van MVO is ondersteuning van diversiteit en inclusie. Overweeg diversiteits- en aanvullingstraining te omarmen, affiniteitsgroepen te vormen en hulpgroepen te helpen als strategieën om een meer diverse en inclusieve plant te bevorderen.

Moedig het geven van handjes aan door betaald verlof te geven voor vrijwilligerswerk of door donaties aan non-profitorganisaties te matchen. Dit kan uw trouw aan sociale en milieukwesties tonen en uw bedrijf helpen een cultuur van geven te bevorderen.

Uiteindelijk kan het toevoegen van CSR en filantropie aan uw bedrijf een goede impact hebben op uw buurt, de klanttrouw vergroten, het handmoreel stimuleren, topgeschenken binnenhalen en uw karakter versterken. U kunt een duurzamer en meer kostengedreven bedrijf maken door uw principes te definiëren, u te verenigen met non-profitorganisaties, vrijwilligerswerk te doen in uw gemeenschap, uw impact op het milieu te verminderen, diversiteit en aanvulling te promoten en handgiften aan te moedigen. Houd er rekening mee dat het helpen van anderen niet alleen ethisch verantwoord is, maar dat het ook op de lange termijn een positief effect op uw financiën kan hebben.

Hieronder vindt u nieuwe tips voor het integreren van MVO en liefdadigheid in uw bedrijf. Maak uw krachtketen sociaal en ecologisch verantwoord door rekening te houden met deze factoren. Werk samen met leveranciers die ethische en duurzame praktijken hoog in het vaandel hebben staan, en denk erover om programma's en richtlijnen voor uw leveranciers op te stellen om ervoor te zorgen dat ze zich houden aan uw milieu- en sociale normen.

Meet en rapporteer uw impact Het volgen van uw ontwikkeling en het informeren van belanghebbenden over uw prestaties kan eenvoudiger worden gemaakt door uw sociale en ecologische impact te meten en te rapporteren. Om uw succes te dekken, kunt u maatregelen nemen zoals koolstofemigratie, afvalvermindering en gemeenschapseffect.

Integreer MVO en filantropie in de cultuur van uw bedrijf U kunt uw personeel een gevoel van betekenis en doel geven door MVO en liefdadigheid te integreren in uw commerciële cultuur. Overweeg om bedrijfsbrede conditionering of systemen te organiseren die uw waarden weerspiegelen, en spreek voortdurend uw steun uit voor sociale en ecologische doelen.

Wees transparant en authentiek Het is essentieel om transparant en authentiek te zijn wanneer u MVO en filantropie in uw bedrijf integreert. Neem niet alleen deel aan deze conditionering om je karakter te verbeteren. Maak oprechte moeite om sociale en ecologische uitdagingen aan te pakken, en wees eerlijk en open bij het beschrijven van uw overtuigingen en krijgt

aan uw belanghebbenden.

U kunt een flexibeler en meer kostengedreven bedrijf maken door deze tactieken in uw bedrijf op te leggen. Vergeet niet dat het helpen van anderen niet alleen moreel is, maar dat het op de lange termijn ook winstgevend kan zijn voor uw bedrijf. U kunt een toegewijd klantenbestand opbouwen, een geweldig cadeau geven en een heilzame invloed uitoefenen op uw buurt en de wereld door sociale en milieukwesties op de eerste plaats te zetten.

Hoofdstuk 19

Voorbereiding op de toekomst: bouwen aan uw exitstrategie

Ondernemers moeten nadenken over de toekomst van hun bedrijf; inclusief hoe en wanneer ze willen vertrekken. Of u nu met pensioen gaat, een nieuw bedrijf start of gewoon geld wilt verdienen, het ontwikkelen van een exitstrategie kan u helpen zorgen voor een soepele overgang wanneer het tijd is om uw bedrijf te verlaten. Deze samenstelling onderzoekt de essentiële beginselen voor het creëren van een succesvolle exitstrategie.

Het vaststellen van uw pretenties is de eerste fase in het ontwikkelen van een exitstrategie. Probeert u de waarde van uw bedrijf te verhogen? Maakt u zich zorgen over de toekomst van uw bedrijf? Geef je prioriteit aan het ondersteunen van je gezin? Door uw pretenties te definiëren, kunt u de meest stijlvolle koers kiezen voor uw vertrekstrategie.

Identificeer impliciete vertrekstrategieën Er zijn verschillende impliciete vertrekstrategieën waarmee u rekening moet houden, zoals het verkopen van uw bedrijf aan een derde partij, het geven van aandelen aan werknemers of familieleden of het naar de beurs gaan. Overweeg welk systeem het beste bij uw objecten past, want elk heeft zijn eigen voor- en nadelen. Bepaal de waarde van uw bedrijf U moet de waarde van uw bedrijf vaststellen om u voor te bereiden op een succesvolle exit. Dit kan worden bereikt door een waarderingsanalyse uit te voeren, waarbij rekening wordt gehouden met rudimenten zoals de financiële prestaties van uw vestiging, vraagtrends en trends in ijver.

Bereid uw vestiging voor op de handel Als u van plan bent uw vestiging te verkopen, is het cruciaal om dit zo snel mogelijk te doen. Dit kan uw fiscale rapportage verbeteren, uw bedrijfsprocessen optimaliseren en uw klantenkring uitbreiden. Om u te helpen bij het navigeren door het dealproces, wilt u misschien ook nadenken over het inhuren van een makelaar of advocaat.

Stel een raceplan op Het is essentieel om een raceplan op te stellen als u van plan bent de macht van uw bedrijf over te dragen aan familieleden of werknemers. Dit omvat het kiezen van geschikte reserves, het voorbereiden van hen om uw verplichtingen over te nemen en het stellen van een deadline voor machtsoverdracht.

Dek uw bedrijf af Het is van cruciaal belang om uw bedrijf te beschermen tegen impliciete valkuilen wanneer u op het punt staat met pensioen te gaan. Om ervoor te zorgen dat uw belangen worden beschermd, kan het nodig zijn om uw juridische documenten, zoals uw aandeelhoudersovereenkomst of exploitatieovereenkomst, te herzien. U kunt ook overwegen een verzekering af te sluiten om uzelf te beschermen tegen eventuele aansprakelijkheden.

Last but not least, het is van cruciaal belang om cruciale belanghebbenden te laten; inclusief werknemers, gasten en investeerders, op de hoogte zijn van uw vertrekstrategieën. Dit zorgt voor een soepele overgang en vermindert mogelijke bedrijfsontwrichtingen.

Dit zal u helpen bij het opstellen van een exitstrategie die u helpt bij het onderhandelen over uw doelstellingen en zorgt voor een soepele overgang wanneer het tijd is om uw bedrijf te verkopen. Overweeg nu uw vertrekstrategie, want het is nooit te vroeg om plannen voor de toekomst te maken.

Hieronder vindt u nieuwe informatie over elk van de processen die betrokken zijn bij het creëren van een succesvolle exitstrategie.

De optimale handelwijze voor uw exitstrategie wordt bepaald door hoe gemakkelijk u uw pretenties definieert. Als u bijvoorbeeld de waarde van uw bedrijf wilt maximaliseren, kunt u zich concentreren op het verbeteren van uw fiscale prestaties en het uitbreiden van uw klantenbestand. Het vinden van een koper die uw overtuigingen en visie voor het etablissement deelt, kan uw belangrijkste doel zijn als u boos bent over het erfgoed van uw vereniging. U kunt overwegen om een lid van uw gezin de macht van het bedrijf te geven als u zich zorgen maakt over de inrichting van uw gezin.

Identificeer mogelijke exit-stijlen Er zijn verschillende mogelijke exit-stijlen waarmee rekening moet worden gehouden, elk met hun eigen voor- en nadelen. Een populair exitplan is om uw bedrijf aan een derde partij te verkopen, omdat u een goed rendement op uw investering kunt behalen. Een andere keuze is om familieleden of personeelsleden de macht van het bedrijf te geven, wat de levensvatbaarheid op lange termijn kan helpen verzekeren. Hoewel naar de beurs gaan een ingewikkelder keuze is, kan het u toegang geven tot minder steun en aandacht.

Bepaal de waarde van uw bedrijf U moet de waarde van uw bedrijf vaststellen om u voor te bereiden op een succesvolle exit. Dit kan worden bereikt door een waarderingsanalyse uit te voeren, waarbij rekening wordt gehouden met rudimenten zoals de financiële prestaties van uw vestiging, vraagtrends en trends in ijver. Een goede waardering kan ervoor zorgen dat u een eerlijke prijs krijgt voor uw bedrijf.

Bereid uw vestiging voor op de handel Als u van plan bent uw vestiging te verkopen, is het cruciaal om dit zo snel mogelijk te doen. Denk hierbij aan het verbeteren van uw fiscale rapportage, het optimaliseren van uw bedrijfsprocessen en het uitbreiden van uw klantenkring. Om u te helpen bij het navigeren door het dealproces, wilt u misschien ook nadenken over het inhuren van een makelaar of een raadsman. Het is van cruciaal belang om open en eerlijk te zijn met potentiële gasten over de voor- en nadelen van uw bedrijf.

Stel een raceplan op Het is essentieel om een bedrijfsplan op te stellen als u van plan bent de macht van uw bedrijf over te dragen aan familieleden of werknemers. Dit omvat het kiezen van geschikte reserves, het voorbereiden van hen om uw verplichtingen over te nemen en het stellen van een deadline voor machtsoverdracht. Om een vlekkeloze machtsoverdracht te garanderen, wilt u misschien ook nadenken over het maken van een koopovereenkomst.

Dek uw bedrijf af Het is van cruciaal belang om uw bedrijf te beschermen tegen impliciete valkuilen wanneer u op het punt staat met pensioen te gaan. Om ervoor te zorgen dat uw belangen worden beschermd, kan het nodig zijn om uw juridische documenten, zoals uw aandeelhoudersovereenkomst of exploitatieovereenkomst, te herzien. U kunt ook overwegen een verzekering af te sluiten om uzelf te beschermen tegen eventuele aansprakelijkheden.

Last but not least, het is van cruciaal belang om cruciale belanghebbenden te laten; inclusief werknemers, gasten en investeerders, op de hoogte zijn van uw vertrekstrategieën. Dit zorgt voor een soepele overgang en vermindert mogelijke bedrijfsontwrichtingen. Het is van cruciaal belang om open en waarheidsgetrouw te zijn over uw pretenties en om zoveel mogelijk belangrijke informatie over de toekomst van het bedrijf te verzamelen.

Het kost tijd en werk om een effectieve exitstrategie te ontwikkelen, maar dit is cruciaal voor het succes van uw bedrijf op de lange termijn. U kunt helpen zorgen voor een soepele overgang wanneer het tijd is om uw bedrijf te verlaten door uw pretenties te definiëren, impliciete exitstrategieën te relateren, de waarde van uw bedrijf te bepalen, uw bedrijf klaar te maken voor handel, een raceplan te ontwikkelen, uw bedrijf te bewaken en uw plannen te communiceren aan cruciale belanghebbenden.

Hoofdstuk 20

Geleerde lessen: reflecties en inzichten van succesvolle ondernemers

Voor aspirant- en huidige ondernemers kan het leren van de misrekeningen en successen van grote ondernemers een onschatbare bron van kennis zijn. Dan zijn enkele compliances en advies van welvarende zakenmensen

Continuïteit loont: continuïteit is een van de meest actuele eigenschappen van succesvolle zakenmensen. Wanneer ze worden geconfronteerd met obstakels of mislukkingen, geven ze niet op; ze blijven eerder vooruitgaan. Elon Musk, de maker van SpaceX en Tesla, heeft bijvoorbeeld talloze misrekeningen en verliezen doorstaan voordat hij succes boekte met deze bedrijven.

Accepteer falen Hoewel het normaal is om falen als een slechte zaak te beschouwen, zien succesvolle zakenmensen het als een gelegenheid om het beter te doen. Ze begrijpen dat falen een normaal onderdeel is van het zakelijke pad en gebruiken het als springplank naar toekomstig succes. De maker van Amazon, Jeff Bezos, heeft bijvoorbeeld verklaard dat "mislukking en uitvinding dikke helften zijn".

Succesvolle zakenmensen steken veel energie in het oplossen van problemen en het voldoen aan de eisen van hun gasten. Ze sporen problemen op en komen met originele oplossingen om ze op te lossen. Ter illustratie: Sara Blakely, de maker van Spanx, richtte haar bedrijf op als gevolg van een probleem dat vrouwen constant zien met conventionele onderkleding.

Figuur Sterke brigades Succesvolle zakenmensen beseffen dat ze niet alles alleen aankunnen, daarom omringen ze zich met sterke brigades. Ze werken samen om over hun doelen te onderhandelen nadat ze briljante mensen met wederzijdse capaciteiten hebben aangenomen. In de woorden van Mark Zuckerberg, de maker van Facebook: "Het belangrijkste dat ondernemers moeten doen, is goede mensen kiezen om mee samen te werken."

Handhaaf uw inflexibiliteit Succesvolle zakenmensen zijn bereid om te acclimatiseren en indien nodig van koers te veranderen. Ze passen hun strategie aan omdat het bedrijfsterrein steeds verandert. De auteur van Alibaba, Jack Ma, bijvoorbeeld, merkte eerder op: "Je zou van je rivaal moeten leren, maar ze zijn niet ononderscheidbaar. Kopiëren is dood.

Neem voorzichtige risico's terwijl succesvolle zakenmensen bereid zijn risico's te nemen, doen ze dat met de nodige voorzichtigheid. Alvorens een keuze te maken, wegen zij de valkuilen en prijzen tegen elkaar af. Toen Steve Jobs, de mede-oprichter van Apple, er bijvoorbeeld voor koos om de iPhone te produceren, nam hij een dreigement, maar het loonde zich gratis.

Blijf gefocust Succesvolle zakenmensen vermijden dat ze worden afgeleid door aantrekkelijke objecten of snelle winsten door geconcentreerd te blijven op hun objecten. Ze hebben een duidelijk idee van waar ze heen willen en blijven daarmee getrouwd. Bill Gates, mede-oprichter van Microsoft, zei eerder: "Het is prima om succes te vieren, maar het is belangrijker om de lessen van falen ter harte te nemen."

Non-stop geletterdheid Succesvolle zakenmensen zijn beducht voor hun onwetendheid en zoeken moeizaam naar nieuwe informatie en strategieën. Om hun kennis te vergroten en hun talenten te verbeteren, lezen ze, gaan ze naar conferenties en zoeken ze naar mentorschap. Ter illustratie beweerde mediamagnaat Napoleon Oprah Winfrey vroeger dat "onderwijs de sleutel is om de wereld te ontketenen, een paspoort naar vrijheid".

Houd uw passie vast Succesvolle zakenmensen zijn enthousiast over wat ze doen en geloven heilig in de waarde van de goederen of diensten die ze aanbieden. Ze zijn toegewijd aan het hebben van een positieve impact op de wereld en worden gemotiveerd door een gevoel van doelgerichtheid. Volgens Virgin Group-auteur Richard Branson: "Als je gepassioneerd en geagiteerd bent over een product, is de kans groter dat je er tijd en moeite in steekt om er een succes van te maken."

Concluderend kan het opdoen van kennis van geweldige zakenmensen opmerkzame adviezen en opdrachten opleveren die richting kunnen geven aan uw ondernemersreis. De eigenschappen van succesvolle ondernemers kunnen fungeren als een routekaart voor succes in het bedrijf en in het leven, van doorzettingsvermogen en het omarmen van falen tot het vasthouden aan het oplossen van problemen en het ontwikkelen van sterke brigades.